JOACHIM UMLAUF

Die deutsche Arbeiterschutzgesetzgebung 1880-1890

Schriften zur Verfassungsgeschichte

Band 31

Die deutsche Arbeiterschutzgesetzgebung 1880-1890

Ein Beitrag zur Entwicklung des sozialen Rechtsstaates

Von

Dr. Joachim Umlauf

DUNCKER & HUMBLOT / BERLIN

Gedruckt 1980 bei Buchdruckerei Bruno Luck, Berlin 65
Printed in Germany
ISBN 3 428 04544 0

Vorwort

Die vorliegende Arbeit wurde im Winter-Semester 1978/79 vom Fachbereich Rechtswissenschaften der Christian-Albrechts-Universität zu Kiel als Dissertation angenommen.

Mein besonderer Dank gilt meinem verehrten Lehrer, Herrn Professor Dr. Georg-Christoph v. Unruh, der die Anregung zu dieser Untersuchung gegeben und sie betreut hat. Herrn Professor Dr. Wolfgang Rüfner danke ich für die Übernahme des Zweitreferats und weitere kritische Anregungen.

Herrn Senator E.h. Ministerialrat Professor Dr. J. Broermann habe ich für die Aufnahme der Arbeit in sein Verlagsprogramm zu danken.

Hamburg, im Februar 1979

Joachim Umlauf

Inhaltsverzeichnis

Dritter Teil

Die verfassungsrechtliche Qualität der Sozialgesetzgebung

Abkürzungsverzeichnis

a.A.	anderer Auffassung
abgedr.	abgedruckt
Abs.	Absatz
Aktenst.	Aktenstück
ALR	Allgemeines Landrecht
Anl.	Anlage(n)
Anm.	Anmerkung(en)
AO	Abgabenordnung
AöR	Archiv für öffentliches Recht
AP	Nachschlagewerk des Bundesarbeitsgerichts
Art.	Artikel
Artt.	Artikel
Aufl.	Auflage
ausf.	ausführlich
BAG	Bundesarbeitsgericht
Bd.	Band
betr.	betreffend
BGBl.	Bundesgesetzblatt
Bl.	Blatt
BSGE	Bundessozialgerichtsentscheidung
BVerfG	Bundesverfassungsgericht
BVerfGE	Bundesverfassungsgerichtsentscheidung
BVerwG	Bundesverwaltungsgericht
BVerwGE	Bundesverwaltungsgerichtsentscheidung
bzw.	beziehungsweise
ders.	derselbe
d.h.	das heißt
Diss.	Dissertation
DöV	Die öffentliche Verwaltung
DRZ	Deutsche Rechtszeitschrift
DVBl	Deutsches Verwaltungsblatt
f.	die folgende Seite
ff.	die folgenden Seiten
GewO	Gewerbeordnung
GG	Grundgesetz
h.M.	herrschende Meinung
Hrsg.	Herausgeber
insbes.	insbesondere
i.V.m.	in Verbindung mit
IAVG	Invaliden- und Altersversicherungs-Gesetz
JÖR	Jahrbuch des öffentlichen Rechts
JuS	Juristische Schulung
KVG	Krankenversicherungsgesetz
M	Mark
m.E.	meines Erachtens

m.w.N.	mit weiterem Nachweis
NJW	Neue Juristische Wochenschrift
Nr.	Nummer
PrGS	Preußische Gesetzessammlung
RdA	Recht der Arbeit
Rdn.	Randnummer(n)
ReichsabgabenO	Reichsabgabenordnung
RGBl.	Reichsgesetzblatt
RT	Reichstag
RTSten.Ber.	Reichstag-Stenografische Berichte
RV	Reichsverfassung
S.	Seite(n)
SGB	Sozialgesetzbuch
SGG	Sozialgerichtsgesetz
s.o.	siehe oben
sog.	sogenannt(e, er)
u.	und
u.a.	unter anderem
UVG	Unfallversicherungsgesetz
VfS.	Veröffentlichungen des Vereins für Sozialpolitik
VO	Verordnung
VVDStRL	Veröffentlichungen der Vereinigung der deutschen Staatsrechtslehrer
WRV	Weimarer Reichsverfassung
z.B.	zum Beispiel
ZfHR	Zeitschrift für das gesamte Handelsrecht
zit.	zitiert
z.T.	zum Teil

Einleitung

Der Begriff der *Sozialstaatlichkeit*[1] findet sich, wenn auch in adjektivischer Form, in einer deutschen Verfassung zum ersten Mal[2] ausdrücklich im „Grundgesetz für die Bundesrepublik Deutschland" vom 23. Mai 1949[3]. Art. 20 Abs. 1 GG konstituiert darin die Bundesrepublik Deutschland als demokratischen und sozialen Bundesstaat; Art. 28 Abs. 1 Satz 1 GG gebietet den Ländern eine Verfassungsordnung, die den Grundsätzen des republikanischen, demokratischen und sozialen Rechtsstaates im Sinne des Grundgesetzes entsprechen muß. Deshalb gehört das aus den Artt. 20 und 28 GG i.V.m. den Artt. 1 Abs. 1 und 2 Abs. 1 GG hergeleitete und durch Art. 79 Abs. 3 GG geschützte *Sozialstaatsprinzip* nach überwiegender Meinung als eine eigenständige Staatszielbestimmung[4] und unmittelbar geltendes Recht neben den Prinzipien Demokratie, Republik, Bundes- und Rechtsstaat zu den tragenden Grundsätzen unserer Verfassung[5]. Das Sozialstaatsprinzip hat denn auch im gesamten Recht, nicht zuletzt durch das Sozialgesetzbuch vom 11. Dezember 1975[6], in einem Ausmaß Konkretisierung und Stützung[7] — wenn auch noch keine durchgehende Verwirklichung[8] — gefunden, daß heute Befürchtungen laut werden, der Sozialstaat drohe „an seinem eigenen Wachstum zu ersticken"[9].

---

[1] Zum Begriff des „Sozialen" ausführlich Conze, S. 20 f.; Schmeling, S. 314.

[2] Wenn man von den Formulierungen in den vor der Verabschiedung des Grundgesetzes entstandenen Verfassungen Bayerns vom 2.12.1946, Bremens vom 21.10.1947, Hessens vom 1.12.1946 und von Rheinland-Pfalz vom 18.5.1947 absieht; dazu ausführlicher Hartwich, S. 27; Schachtschneider, S. 21 f., der vom „Sozialprinzip" spricht.

[3] BGBl S. 1 ff.; Menger, Begriff, S. 42.

[4] Menzel, DÖV 1972, S. 537 ff. m.w.N.; Wege, S. 159 f. (160).

[5] Ausführliche Darstellungen des gegenwärtigen Meinungsstandes in Literatur und Rechtsprechung, auf den hier nicht eingegangen werden soll, geben insbesondere Bull, S. 163 ff.; Menzel, DÖV 1972, S. 537 ff.; Stern, Staatsrecht I, S. 688 f.; v. Unruh, DÖV 1974, S. 508; Weinhold, insbes. S. 50 ff.; 67 ff.; Wege, S. 164 ff. Kritisch über die Methoden der Auslegung der Sozialstaatsklausel Noack, Sozialstaatsklauseln und juristische Methode, 1975; dazu Stern, Staatsrecht I, S. 693 f.; Bull, S. 451; Kunze, Recht und Politik, 1976, S. 191.

[6] BGBl. I, S. 3015 ff.

[7] Schachtschneider, S. 21, 31 f., 71 ff. m.w.N.

[8] Wie hier Achinger, S. 149 f., anders aber bereits 1955 Fechner, RdA S. 163; ähnlich auch 1953 Forsthoff, Begriff, S. 166 und Leitsatz I.

[9] Der Spiegel, Nr. 5, 1978, S. 32.

Aus verfassungshistorischer Sicht stellt sich dabei die Frage, ob — wenn auch in den geschriebenen Verfassungen nicht ausdrücklich enthalten — in der Verfassungswirklichkeit der Vergangenheit nicht bereits Elemente einer Sozialstaatsverfassung vorhanden waren, oder ob nicht sogar, wie Ernst Rudolf *Huber* behauptet, der Sozialstaat im 19. Jahrhundert „nicht nur theoretisch entwickelt, sondern auch praktisch verwirklicht wurde"[10].

Diese Ansicht liegt nahe, zumal bereits die Verfassungen des Norddeutschen Bundes vom 1. Juli 1867[11] und des Deutschen Reiches vom 16. April 1871[12] in ihren Präambeln von der „Pflege der Wohlfahrt des deutschen Volkes" gesprochen und damit den Norddeutschen Bund bzw. das Reich „auf den Weg der sozialstaatlichen Für- und Vorsorge insbesondere für die sozialbedrohten Schichten" gewiesen hatten[13]. Auch die Verfassung des Deutschen Reiches vom 11. August 1919 — die sog. Weimarer Verfassung[14] — hatte in ihrer Präambel[15] und in ihrem zweiten Hauptteil „Grundrechte und Grundpflichten der Deutschen", Ansätze für ein umfassenderes Sozialprogramm enthalten, in dem der Staat einzelnen oder Gruppen positive Wohlfahrtsleistungen, den sozial Abhängigen Ein- und Mitwirkungsrechte an der Gestaltung des Soziallebens und schließlich bestimmte „Sozialisierungs"-Vorschriften zusicherte[16]. Diese Vorschriften sind jedoch aus verschiedenen Gründen nicht realisiert worden und so im wesentlichen Programm geblieben[17].

Die These vom Vorhandensein sozialstaatlicher Elemente in der Verfassungswirklichkeit der Vergangenheit setzt allerdings zwangsläufig die wissenschaftstheoretische Erkenntnis voraus, daß sich die Verfassung eines Staates nicht in positiven Verfassungssätzen und -gesetzen er-

---

[10] Huber, DÖV 1956, S. 203 —; ders. allerdings abgeschwächt in Rechtsstaat, S. 597 und passim; noch weiter Fechner, Freiheit und Zwang, S. 73, wonach sich „der soziale Gedanke schon seit dem ersten Drittel des 19. Jahrhunderts über den Staat verwirklichte"; ähnlich auch v. Unruh, Grundkurs, S. 208, der den „sozialen Rechtsstaat" prinzipiell für bereits im Zeitalter des „Vormärz" — also vor 1848 — konzipiert hält; a.A. BVerfGE 5, 85 (379); so — allerdings ohne Begründung — auch Wege, S. 157.

[11] PrGS S. 817 (818).

[12] RGBl. S. 63 (64).

[13] Huber, Verfassungsgeschichte III, S. 790; bei den Beratungen in der Paulskirche zu Frankfurt für die „Verfassung des Deutschen Reiches", beurkundet am 28.3.1849, in Kraft seit dem 18.5.1849 — und ohne förmliche Aufhebung außer Kraft getreten —, konnten sich Forderungen nach sozialen Grundrechten nicht durchsetzen; dazu auch Grewe, S. 40; Menger, Begriff, S. 61.

[14] RGBl. S. 1383 ff.; die Verfassung trat am 14. August 1919 in Kraft.

[15] Dort ist von der „Förderung des gesellschaftlichen Fortschritts" die Rede.

[16] Insbesondere Art. 119, 122, 151, 153, 155—165 WRV; dazu Wertenbruch, S. 10 ff. (12); zur Entstehungsgeschichte Forsthoff, Verfassungsgeschichte, S. 183 f.

[17] Forsthoff, Begriff, S. 170; ders., Verfassungsgeschichte, S. 184; Grewe, S. 40; Menger, Recht und Staat, S. 21; Schachtschneider, S. 23 f.; Wege, S. 159.

schöpft, sondern, wie Ernst Rudolf *Huber* es ausdrückt, „als ein Gesamtgefüge von Ideen und Energien, von Interessen und Aktionen, von Institutionen und Normen in Erscheinung tritt“[18] oder wie Ernst-Wolfgang *Böckenförde* enger formuliert, lediglich „die politisch-soziale Bauform der Zeit, den institutionellen und normativen Rahmen, das Gerüst des politischen und sozialen Lebens“[19] darstellt. Eine Erkenntnis, die nicht neu ist, denn bereits in einem Vortrag über Verfassungsfragen vom 16. April 1862 vor dem fortschrittlich-liberalen Bezirksverein in Berlin anläßlich des preußischen Verfassungskonflikts hatte Ferdinand *Lassalle* eine weite Definition der Verfassung gegeben[20], und so „den Schleier gelüftet, den demokratische Begeisterung am Anfang des 19. Jahrhunderts vor das Antlitz der neuartigen Konstitution gezogen hatte“[21]. Lassalle geht von der üblichen Bezeichnung der Verfassung als dem „Grundgesetz“ aus, in dem alle anderen Gesetze ihre Notwendigkeit und ihren Grund finden. Er folgert dann, daß es eine „tätige Kraft“ geben müsse, die alle anderen Gesetze und Rechtseinrichtungen notwendig zu dem machten, was sie wirklich sind. Er findet diese Kraft in den tatsächlichen Machtverhältnissen, die die wirkliche Verfassung eines Landes darstellen. Geschriebene Verfassungen seien ohne Bedeutung — „ein Blatt Papier“ —, wenn die tatsächlichen Verfassungen ihnen nicht entsprächen[22]. Diese Auffassung behielt insofern ihre Gültigkeit, als nach allgemeiner Auffassung neben die „faktische Kraft des Normativen“[23] nach jener von Georg *Jellinek* gefunden „einprägsamen Formel“ die „normative Kraft des Faktischen“[24] gerade auch im Verfassungsrecht treten kann, wobei allerdings stets zu klären bleibt „unter welchen Bedingungen (und zu welchem Zeitpunkt), wenn überhaupt, die Transformation von der bloßen realen Existenz in die normale erfolgt“; eine Frage, bei der vor allem die Entscheidung über das „ob“ niemals ohne eine Wertung erfolgen kann[25].

---

[18] Huber, Dokumente I, S. V.

[19] Böckenförde, Verfassungsgeschichte, S. 11, 13; in diesem Sinne auch das Bundesverfassungsgericht in BVerfGE 2, 380 (403), wo festgestellt wird: „Das Verfassungsrecht besteht nicht nur aus den einzelnen Sätzen der geschriebenen Verfassung, sondern auch aus gewissen, sie verbindenden, innerlich zusammenhaltenden allgemeinen Grundsätzen und Leitideen, die der Verfassungsgeber, weil sie das verfassungsmäßige Gesamtbild geprägt haben, von dem er ausgegangen ist, nicht in einem besonderen Rechtssatz konkretisiert hat“; ähnlich auch Lerche, S. 286.

[20] Lassalle, Werke II, S. 31; dazu auch Ramm, S. 56 f.; Hoegner, DVBl. 1962, S. 157; Grewe, Arbeitgeber, S. 40.

[21] Hoegner, DVBl. 1962, S. 157.

[22] Lassalle, Werke II, S. 31, 38, 60.

[23] Tomuschat, S. 116 m.w.N.

[24] Jellinek, Staatslehre, S. 337 ff.

[25] Tomuschat, S. 116, 117 m.w.N., der es jedenfalls für das heutige Verfassungsrecht ablehnt, „dem als Verfassungswirklichkeit apostrophierten Rege-

Dies gilt neben den einfach-gesetzlichen Regelungen auch für das Verhältnis von Verfassung und Verwaltung. Lorenz *von Stein* hat in seinem „Handbuch der Verwaltungslehre“ die Verwaltung mit der berühmt gewordenen Formulierung als „die tätigwerdende Verfassung“ bezeichnet, welche „die Aufgabe des allgemeinen Willens“ permanent erfülle[26]. Ernst Rudolf *Huber* sieht es anders, wenn er feststellt, daß gerade auf dem wichtigen Gebiet der sozialen Daseinsfürsorge, bei einem erheblichen Umfang und entsprechender Eindringlichkeit „Administration notwendig in Konstitution“ umschlagen müsse, weil gerade sozialer Pragmatismus nur bis zu einem bestimmten Intensitätsgrad als extra-konstitutionelle Sozialtechnik möglich sei[27].

Im folgenden soll nun der Versuch unternommen werden, die These zu erhärten, daß sich tatsächlich die vor beinahe 100 Jahren unter der Regierung *Bismarck* und unmittelbar danach getroffenen gesetzgeberischen oder auch nur verwaltungstechnischen Maßnahmen auf dem Gebiet der Arbeiterversicherung auf die „Ebene der Sozialverfassung“ erhoben haben[28] und so — nach der berühmten Definition Hermann *Hellers* — eine „Ausdehnung des materiellen Rechtsstaatsgedankens auf die Arbeits- und Güterordnung“ stattgefunden hat[29]. Dies ist ein Problem des Verfassungswandels[30]: eine Fortbildung und Umgestaltung des „Verfassungszustandes“ im Wege der einfachen Gesetzgebung, ohne den Text der Verfassungsurkunde von 1871 selbst, die außer der Generalklausel in der Präambel noch keine entsprechende Regelung enthielt, zu ändern[31].

Dazu soll zunächst ein abrißartiger Überblick über das Sozialwesen und seine Regelungen[32] bis etwa zum Jahre 1880 gegeben werden, um dann

lungssubstrat der Verfassung als solchem Rechtsquellenqualität beizulegen“, da im Extrem das Recht seiner Steuerungsfunktion entkleidet und ihm damit die Daseinsberechtigung abgesprochen würde; ebenso Stern, Staatsrecht I, S. 115 m.w.N.

[26] v. Stein, Verwaltungslehre, S. 5.

[27] Huber, Verfassungsgeschichte IV, S. 1131; ähnlich auch Forsthoff, Begriff, S. 165 ff.

[28] Huber, Verfassungsgeschichte IV, S. 1131.

[29] Heller, Rechtsstaat oder Diktatur?, S. 11; dazu auch v. Unruh, Grundkurs, S. 214 m.w.N.

[30] Zur Differenzierung zwischen Verfassungswandel und Verfassungsänderung ausführlicher Fiedler, S. 22 m.w.N.

[31] Dazu auch Laband, JöR 1907, S. 26 ff., insbesondere S. 33, wo er feststellt, daß die Reichsgesetzgebung durch die Arbeiterversicherung über die von der Verfassung gezogene Linie hinausgegangen sei. Er wertet dies allerdings nicht als ein Bekenntnis zum Sozialstaat, sondern — aus Art. 4 RV — als Verschiebung der verfassungsmäßigen Grenzregulierung zwischen dem Reich und den Einzelstaaten; zum Problem des Verfassungswandels generell auch Jellinek, Staatslehre, S. 538 f.; zusammenfassend Fiedler, S. 105 f.

die Entstehung der mit dem Namen *Bismarck* verbundenen *Arbeiterversicherungsgesetzgebung* bis etwa 1890 selbst darzustellen und verfassungsrechtlich zu gewichten.

[32] Sozialrecht ist dabei nicht allein als „das Recht der Abwendung von Not" zu verstehen, sondern umfassender „als Herstellung sozialer Sicherheit und Gerechtigkeit"; Rüfner, S. 2 f. m.w.N.; ähnlich auch Bull, S. 175 ff. m.w.N.

Erster Teil

Einführung

I. Historischer Abriß

Der Grundgedanke der Sozialstaatlichkeit im Sinne „staatliche(r) Vor- und Fürsorge für Gruppen der Gesellschaft, die aufgrund persönlicher Schwäche oder Schuld, Unfähigkeit oder gesellschaftlicher Benachteiligung in ihrer persönlichen und sozialen Entfaltung behindert sind“[1], ist der deutschen Rechtswirklichkeit nicht fremd[2].

1. Das Mittelalter

Entstanden aus Mitleid und sittlich-religiöser Verpflichtung als sozialethische Norm und Praxis übernahmen zunächst die das öffentliche Leben bis in das 19. Jahrhundert hinein — bis zur „Säkularisation“ durch den Reichsdeputationshauptschluß vom 25. Februar 1803 — mitbeherrschenden Institutionen der Kirchen beider Konfessionen[3] auch die dominierende Rolle in der ursprünglich vordringlichen Armen- und Krankenpflege[4]. Daneben begannen im 13. und 14. Jahrhundert auch die größeren Städte als Ausdruck ihrer sozialen Verantwortung Hospitäler zu bauen, die sie zum Teil später in Versorgungshäuser für Alte umwandelten; teilweise stellten sie Stadtärzte zur Behandlung der Kranken und Hilfsbedürftigen zur Verfügung und übernahmen die Aufgabe der Hauskrankenpflege[5]. Diese Fürsorgemaßnahmen der Kirchen und Städte

---

[1] So z.B. BVerfGE 35, 202 (236) und passim; dazu ausführlich Weinhold, S. 52 ff.

[2] BVerfGE 5, 85 (379) spricht allerdings davon, daß zwar die gegenwärtige Ordnung auf einer ungebrochenen Tradition beruhe, „die — aus älteren Quellen gespeist — von den großen Staatsphilosophen der Aufklärung über die bürgerliche Revolution zu der liberal-rechtsstaatlichen Entwicklung des 19. und 20. Jahrhunderts geführt“ habe, der sie aber erst selbst das Prinzip des Sozialstaates, d.h. das „Prinzip der sozialen Ordnung“ hinzugefügt habe; für die Zeit der Antike und der frühgermanischen Zeit Wannagat, S. 41 ff. und Schirbel, S. 2 ff. m.w.N.

[3] Löw, S. 105 und dort Anm. 26; Peters, S. 21, der dem Protestantismus allerdings „wenig caritas“ vorwirft; ausführlich auch Wolfrum, S. 25; Wertenbruch, S. 8.

[4] Stolleis, S. 15 m.w.N.; Wannagat, S. 43; Rüfner, S. 1 — durchgeführt wurde die Aufgabe in der Zeit der Kreuzzüge (1096—1270) in starkem Maße von den Ritterorden, die später von den Spitalorden abgelöst wurden; Peters, S. 20.

[5] Peters, S. 20.

ließen allerdings — nicht zuletzt durch die verheerenden wirtschaftlichen Folgen des Dreißigjährigen Krieges[6] — immer mehr nach, an ihre Stelle traten die aus genossenschaftlicher Selbsthilfe entstandenen Fürsorgeeinrichtungen in Form der „Kranken-, Sterbe- und Hülfskassen" der Knappschaften, Handwerker, Zünfte und Gesellenbruderschaften[7].

2. Der „Polizeistaat"

Seit dem ausgehenden Mittelalter übernahmen daneben zunehmend die landesherrlichen Verwaltungen die *„Wohlfahrtsidee"* als staatliche Aufgabe[1]. Eine Folge der Tatsache, daß mit Abschaffung der Selbsthilfe, der Fehde und des Faustrechts mehr und mehr „der Staat" den Schutz der gesamten sozialen und rechtlichen Ordnung übernehmen mußte; eine Entwicklung, die bis in das Ende des 15. Jahrhunderts zurückreicht, „als auf Durchsetzung des Landfriedens gerichtete Zeitströmungen auf dem Reichstag zu Worms, 1495, erste Früchte trugen"[2]. Die Besonderheit der staatlichen Entwicklung in Deutschland lag dabei darin, daß sie sich nicht als Reichsgewalt, sondern auf dem Boden der einzelnen Territorien vollzog, die dann mit dem Ende des Dreißigjährigen Krieges endgültig den Status souveräner Staaten erlangten, was nicht zuletzt für die Rechtseinheitlichkeit negative Folgen haben sollte.

Das staatsrechtliche und politische Gerüst der Zeit bildete der Gedanke der Polizeigewalt — der moderne Staat entstand als „Polizeistaat"[3]. Die Maßnahmen der Administrative beschränkten sich im Spätmittelalter und in der frühen Neuzeit zunächst auch folgerichtig auf die polizeiliche Abwehr von „Gefahren, die von dem massenhaften Auftreten landschädlicher Leute ausgingen"[4]. An die Stelle der zu diesem Zweck entstandenen ersten „Bettler- und Vagantenordnung" von 1483[5] — und der Reichspolizeiordnungen von 1530, 1548 und 1577[6] — die diese Aufgabe wiederum den Städten und Gemeinden gewissermaßen als „Auf-

---

[6] Zu den wirtschaftlichen Folgen des Dreißigjährigen Krieges eingehend Lütge, S. 334 ff.

[7] Eine umfassende Darstellung gibt Fröhlich, S. 38 ff.; ähnlich auch Peters, S. 21 ff. m.w.N.; Stolleis, S. 30 f.; Wannagat, S. 44 f.

[1] Fehr, Deutsche Rechtsgeschichte, S. 125, 163, 217 ff.; Helfritz, S. 350 f.; Stier-Somlo, Staatsrecht I, S. 94 ff.

[2] So Frotscher, DVBl. 1976, S. 695 f.; vgl. dazu auch Menger, Verfassungsgeschichte, S. 22 Rdn. 45; Forsthoff, Verfassungsgeschichte, S. 13 ff.; Hartung, Deutsche Verfassungsgeschichte, S. 17 ff.

[3] Frotscher, DVBl 1976, S. 696; Wolzendorff, S. 9.

[4] Stolleis, S. 16.

[5] Wertenbruch, S. 9.

[6] Mit ihrem Begriff der „guten Polizey" als dem Zustand guter Ordnung des Gemeinwesens und damit der Rechtsordnung schlechthin; dazu grundlegend mit ausführlichen Nachweisen Knemeyer, AöR 92, S. 155 ff.; Götz, S. 11.

gabe nach Weisung" übertrugen — traten mehr und mehr territoriale Polizeigesetze, in die neben der Aufgabe der „polizeilichen Gefahrenabwehr" zunehmend auch der Gedanke der Fürsorge und damit der „Abwehr schädlicher Folgen des Pauperismus" Aufnahme fand[7].

Grundlage dafür war die keineswegs moderne Wohlfahrtsidee oder eudämonistisch-utilitaristische Lehre[8], die ihre Bedeutung — vor allem in ihrer wissenschaftlichen Fundierung durch den Engländer Jeremias *Bentham* (1742—1832)[9], des Begründers der Philosophie des Utilitarismus — jedoch erst für die Zeit des staatlichen Absolutismus und damit des „klassischen Polizeistaates" gewann[10].

Kennzeichnend für den absolutistischen Staat war, daß der Herrscher nach seinem subjektiven Ermessen in alle Angelegenheiten des Staates und seiner Untertanen eingreifen konnte, wenn er nur deren Wohlfahrt zu fördern vorgab[11]. Es entstand der Begriff der „Wohlfahrtspolizei"[12] — die strenge Aufsicht über Bettelverbote und Arbeitspflicht mit entsprechenden Strafsanktionen und die Bereitstellung von Arbeitsmöglichkeiten in Manufakturen aber auch in Zucht- und Arbeitshäusern, die jedoch durch ihre eher abschreckenden Bedingungen nur zu einem äußerst geringen Maße den modernen Anforderungen an „Fürsorgeeinrichtungen" entsprachen[13].

Dominierend blieb so für lange Zeit allein der polizeiliche Gesichtspunkt, Krankheit und Armut als Störung der öffentlichen Ordnung anzusehen und zu bekämpfen[14] — die Wohlfahrtsidee erschöpfte sich damit im wesentlichen in der für das merkantilistische System des absoluten Staates wichtigen Aufgabe der Erhaltung optimaler Arbeitskraft und

---

7 v. Unruh, DVBl 1972, S. 470; Stolleis, S. 16.

8 Dazu ausführlich Wolzendorff, S. 14 ff.

9 Bentham, „Principles of Morals and Legislation" von 1789 nach der Übersetzung von Dumont, „Prinzipien der Gesetzgebung", S. 1 ff. wo es heißt: „Das öffentliche Wohl sei das Ziel des Gesetzgebers. Die allgemeine Nützlichkeit sei das höchste Prinzip in der Gesetzgebung. Die Erkenntnis des Wohls der Gemeinschaft, von deren Interessen es sich handelt, bildet die Theorie, die Auffindung der Mittel es zu verwirklichen, die Praxis"; dazu Beer, S. 11.

10 Mit dem Aufkommen der Polizeiwissenschaft im 18. Jahrhundert — etwa durch Dietmar, v. Justi und v. Sonnenfels — nannte man „Polizei" die gesamte auf das gemeine Wohl gerichtete staatliche Tätigkeit; dazu Knemeyer, S. 167.

11 Stier-Somlo, Staatsrecht I, S. 94 f.; Helfritz, S. 350 f.; Wolzendorff, S. 19; Knemeyer, S. 179; v. Unruh, DVBl 1972. S. 471.

12 Schmeling, S. 315 und dort Anm. 32; Helfritz, S. 350 f.; Götz, S. 12; zur Kritik am Begriff, Wolzendorff, S. 13, 17, 45; zum Wandel des Begriffs der Polizei v. Unruh, DVBl 1972, S. 471 m.w.N.

13 Stolleis, S. 16; dazu auch Schäfer, S. 67 m.w.N., wonach unter Hinweis auf den englischen „Poor Law Ammendment Act" von 1832 festgestellt wird, daß die Verhältnisse im Arbeitshaus „weniger anziehend als die unbeliebteste Arbeit", ja „so unangenehm wie gesundheitlich noch möglich" sein sollten.

14 Schäfer, S. 68 m.w.N.; Wolfrum, S. 32 m.w.N.

damit verbunden der Hebung des allgemeinen Wohlstandes und nicht zuletzt der Steuerkraft des Landes[15].

3. Die Aufklärung

Die reine Zweckbetonung der Fürsorge durch den Staat begann sich erst unter dem Eindruck der durch das Auftreten neuer naturrechtlicher Staats- und Gesellschaftsideen — insbesondere durch Jean Jacques *Rousseaus* (1712—1778) im Jahre 1762 erschienene Schrift „Du contrat social"[1] — gekennzeichnete Epoche der Aufklärung[2] mehr und mehr zu ändern. Wie im politischen wuchs dabei auch „im sozialen Bereich die Überzeugung von der Machbarkeit und Veränderbarkeit gesellschaftlicher Verhältnisse"[3], verbunden allerdings mit der überkommenen Vorstellung von der Möglichkeit und Nützlichkeit autoritärer Verwirklichung solcher Grundsätze im sog. aufgeklärten Absolutismus[4] — wissenschaftlich durch Christian *v. Wolff* (1679—1754)[5] und praktisch durch Herrscher wie *Friedrich II. von Preußen, Joseph von Österreich* und *Maximilian I. Joseph von Bayern* vertreten[6] —.

Ausdruck dieses neuen Staats- und Gesellschaftsbildes war das „Allgemeine Landrecht für die preußischen Staaten, vom 5. Januar 1794"[7], das erstmalig eine generelle Fürsorgepflicht für die Armen im Sinne einer dem Staat zufallenden Aufgabe anerkannte und zu ihrer Durchsetzung allgemeine Grundsätze für ein Programm der Armenpflege aufstellte[8], ohne allerdings dem einzelnen Bürger bereits einen unmittelbaren Rechtsanspruch im Sinne eines subjektiven öffentlichen Rechts auf staatliche Unterstützung einzuräumen[9]; vielmehr bestand lediglich eine recht-

---

[15] Fehr, S. 217; Götz, S. 12; Stolleis, S. 16; Lütje, S. 321 ff. und S. 400 ff., der Max Webers berühmte Definition des Merkantilismus als „Übertragung kapitalistischen Erwerbstriebes auf die Politik" zitiert.

[1] Der Gesellschaftsvertrag; dazu auch G. Holmsten, Jean Jaques Rousseau, 1972; v. Unruh, Grundkurs, S. 202 ff.

[2] Dazu ausführlich Ponfick, S. 11 f.; Stolleis, S. 17, der in diesem Zusammenhang von der „Entmythologisierung des Staatsbildes" spricht; zum Wandel des Polizeibegriffs unter dem Einfluß der Aufklärungsphilosophie Götz, S. 12 f., Wolzendorff, S. 54 ff. mit ausführlichen Nachweisen.

[3] So Stolleis, S. 17.

[4] Zu den Auswirkungen auf das Problem der Armut ausführlich Schäfer, S. 34 ff.; Wolzendorff, S. 56/57.

[5] Vor allem mit seinen 1750 erschienenen „Institutiones Juris Naturae et Gentius"; zur naturrechtlichen Staatslehre Wolffs jetzt auch Bachmann, insbes. S. 73 ff.; zur Wohlfahrtspolitik, S. 233 ff.

[6] Helfritz, S. 351.

[7] Vollständige Textausgabe bei Hattenhauer; die hier relevanten Auszüge finden sich auch bei Stolleis, S. 64 f.

[8] ALR II 19, §§ 1—13, 9, 10, 13; dazu im einzelnen auch Peters, S. 29/30.

[9] So ausdrücklich noch § 33 des preußischen Gesetzes über die Verpflichtung

liche Verpflichtung der Gemeinden dem Staat gegenüber, deren Erfüllung den Armen als Rechtsreflex zugute kommen sollte[10]. Eine Tatsache, die besonders deshalb bedeutsam war, weil die Leitlinien des Gesetzes teilweise bereits bei dessen Inkrafttreten im Jahre 1794 von einer restaurativen Politik überholt waren[11].

Neben den Vorschriften über die Armenpflege enthielt das ALR weitere Vorschriften für Fälle von Krankheit und Tod. Zu nennen sind dabei die Vorschriften für Handwerker und die weiterbestehenden Zünfte[12], für die Bergarbeiter[13], Dienstboten[14] und für Seeleute[15]. Auch für diese — im Grunde fortschrittlichen — Bestimmungen gilt das oben für die Armenpflege Gesagte, da auch insoweit ein subjektives-öffentliches Recht auf Hilfeleistung nicht gegeben war, sondern wiederum nur rechtliche Verpflichtungen der Gemeinden dem Staat gegenüber bestanden, deren Erfüllung dem einzelnen nur als Rechtsreflex zugute kam[16]. Weitere Nachteile waren das Fehlen einer Regelung, die Art und Umfang der zu gewährenden Leistungen und die Aufbringung der Mittel festlegte, und die Tatsache, daß nicht alle Arbeiter — insbesondere nicht der langsam entstehende Stand der Fabrikarbeiter — von den Gesetzen profitierten[17].

Auch in den anderen deutschen Partikularstaaten gab es — „späte politische Früchte der Aufklärung und der französischen Revolutions-

zur Armenpflege vom 31.12.1842 (PrGS 1843, S. 8); abgedruckt auch bei Stolleis, S. 69 ff.; dazu ausführlich Wolfrum m.w.N.; Peters, S. 29.

10 Wertenbruch, S. 9.

11 So Stolleis, S. 17; ähnlich auch Götz, S. 13.

12 ALR II 8, §§ 353, 354 regelten „Kur und Verpflegung" zugewanderter und krank gewordener Gesellen, die im Falle der Vermögenslosigkeit aus der Gesellenlade bzw. „Gewerkscasse" und im übrigen aus den örtlichen Armen- bzw. Stadt- oder Kämmereikassen zu erfolgen hatte; dagegen schlossen ALR II 8 §§ 317, 318 eine Regelung für Lehrlinge ausdrücklich aus; dazu auch Peters, S. 30.

13 ALR II 16 enthielt ein Bergwerksregal, das jedoch nur „hilfsweise" eintrat, soweit die vorrangigen Provinzialgesetze keine Regelung enthielten. Die §§ 214 ff. regelten die primäre Verpflichtung des Bergwerkseigentümers, Krankenhilfe und Lohnausgleich zu gewähren; bei längerer Krankheit mußte die Knappschaftskasse für die Verpflichtung ebenso wie für Kur- und Begräbniskosten eines verletzten oder verunglückten Bergmannes aufkommen. Nach § 218 sollte auch die Witwe den Gnadenlohn fordern können. Die Regelung blieb bis zum Bergwerksgesetz von 1865 (PrGS S. 705) in Kraft.

14 ALR II 5, §§ 86 ff. verpflichteten u.a. die „Herrschaft", für „Cur- und Verpflegung" eines im Dienst erkrankten Dienstboten zu sorgen.

15 ALR II 8 § 1555 enthielt ausführliche Regelungen über die Verpflichtung des Schiffers bzw. Reeders für die Versorgung kranker oder verletzter Seeleute an Bord eines Schiffes.

16 Wertenbruch, S. 9.

17 In den linksrheinischen Gebieten, soweit dort noch französisches Recht galt, kam es für die im Bergbau tätigen Arbeiter durch das Bergwerkspolizeidekret von 1813 über die „caisse de prevoyance" ebenfalls zur Bildung von Knappschaftskassen mit entsprechenden Sozialleistungen im Krankheits-, Invaliditäts- und Todesfall; dazu auch Peters, S. 32.

gesetzgebung zur obligatorischen Staatsarmenpflege"[18] — vergleichbare Ansätze, eine generelle Fürsorgepflicht des Staates für die bedürftigen Bürger zu begründen[19] — eine Entwicklung, die jedoch am Anfang des 19. Jahrhunderts mit dem Auftreten liberalistischer Staats- und Gesellschaftsideen und insbesondere mit dem Aufkommen des klassischen Wirtschaftsliberalismus und später des Manchesterliberalismus wieder in den Hintergrund gedrängt wurde[20].

4. Die industrielle Revolution

Gekennzeichnet ist diese neue Epoche durch den Beginn der industriellen Revolution[1] und den Aufbau einer auf dem Freiheitsgedanken[2] begründeten neuen Gesellschaftsordnung. Entscheidend für diese „neue Zeit" war, daß damit die gesamte soziale und wirtschaftliche Struktur einem starken Wandel unterworfen wurde.

a) Der Wandel der sozialen Struktur

Einerseits erfuhr das bis dahin vorherrschende ländliche Arbeitsverhältnis durch die Befreiung der Bauern und Landarbeiter von der Erbuntertänigkeit in Preußen 1807[3] dadurch eine Neugestaltung, daß Schollenpflicht und Gesindezwang[4] durch die freie Landarbeit abgelöst wurden. Die Folge war ein durch das Fehlen einer genügenden Anzahl von ausreichend großen und damit lebensfähigen Bauernstellen bei einer gleichzeitigen durch Fortschritte in Medizin und Hygiene begünstigten raschen Vermehrung der Bevölkerung bedingter Strom der Überschüsse der ländlichen Bevölkerung in die Städte[5]. Dort hoffte der einzelne nach

[18] Stolleis, S. 18.

[19] Peters, S. 32; in Bayern legte 1817 der Minister Graf Montgelas die „Pflicht der öffentlichen Fürsorge für die Armen" den Gemeinden auf, verpflichtete allerdings gleichzeitig auch sämtliche Untertanen „verhältnismäßig mitzuwirken und beizutragen, damit die Nothdurft der Armen gesteuert werde"; Stolleis, S. 17.

[20] Zum Begriff Wannagat, S. 54; nach Lütge, S. 405, gekennzeichnet durch einen „von einem ungeheuren Optimismus getragenen Willen, verbunden mit einem naiven Glauben an das Glück".

[1] Zur Gesellschafts- und Wirtschaftsstruktur ausführlich Wannagat, S. 51 ff.; Schäfer, S. 46 ff.; Lütge, S. 293; Peters, S. 32.

[2] Dazu ausführlich Wannagat, S. 53 f.

[3] Durch das „Edikt über den erleichterten Besitz und den freien Gebrauch des Grundeigentums so wie die persönlichen Verhältnisse der Land-Bewohner betreffend" vom 9.10.1807, PrGS 1806—1810, S. 170 ff., abgedruckt auch bei Huber, Dokumente I, S. 38 ff. und die „Kabinettsordre betreffend die Aufhebung der Erbunterthänigkeit auf sämmtlichen preußischen Domänen" vom 28.10.1807, PrGS S. 174; ebenfalls abgedruckt bei Huber, Dokumente I, S. 40; zur Geschichte ausführlich Huber, Verfassungsgeschichte I, S. 184 ff.; Schäfer, S. 47; Stier-Somlo, Sozialgesetzgebung, S. 7 f.

[4] Dazu Wannagat, S. 51, der fälschlich von „Frohndienst" spricht.

[5] Achinger, S. 28 ff.; Wannagat, S. 51 und dort Anm. 16.

Einführung der Gewerbefreiheit und der Freizügigkeit[6] durch die Stein-Hardenbergschen Reformen ausreichende Arbeits- und Verdienstmöglichkeiten zu finden — gleichzeitig bewirkte dies jedoch die Bildung einer großen Lohnarbeiterschicht in den Städten und Ballungsgebieten bei einer gleichzeitigen Proletarisierung des Handwerks und stellte damit zugleich einen entscheidenden Beitrag für den Zerfall der alten ständischen Ordnung dar[7].

Andererseits trat durch die großen technischen Entdeckungen und Erfindungen — Dampfmaschine 1764, mechanischer Webstuhl und Spinnmaschine 1785, Elektrodynamo 1826, Telegraph 1833, Dampfeisenbahn 1835, neue chemische Verfahren wie die Herstellung von Anilinfarben aus Steinkohleteer 1837[8] — und die damit verbundenen neuen Produktionsformen und -möglichkeiten zunehmend die Fabrikindustrie an die Stelle der alten Handwerksbetriebe; die in der vorindustriellen Zeit vorherrschende Einheit von Lebens- und Arbeitsraum wurde zerrissen[9]. Das Arbeitsverhältnis beschränkte sich auf den Austausch von technisierter Arbeitsleistung und geldlicher Entlohnung. Um zu leben, mußte der Lohnarbeiter seine Arbeitskraft — die für den Unternehmer nach den Lehren Adam *Smith's* (1723—1790)[10] zum bloßen Kostenfaktor wurde — auf dem Arbeitsmarkt anbieten. Der zu erzielende „Marktpreis" war wegen des großen Angebots an Arbeitskräften[11] jedoch sehr niedrig, folglich waren die Arbeitsbedingungen insgesamt — bezogen auf Lohn, Arbeitsort, -zeit und -dauer — besonders ungünstig. So war der Arbeiter zwar rechtlich frei — was allerdings vielen Menschen auch zum ersten Mal die Chance der Gründung einer eigenen Existenz bot[12] —, tatsächlich aber in der neuen Zwangslage, sich den Bedingungen des wirtschaftlich stärkeren Arbeitgebers unterwerfen zu müssen[13]. Diese ohnehin schon bedrängte Lage der Arbeiter verschlechterte sich zusätzlich bei Eintritt von Krankheit, Invalidität, Arbeitslosigkeit und im Alter, da der einzelne nicht in der Lage war, für derartige Notfälle aus eigener Kraft aus-

[6] Den Anfang machte § 2 des „Oktoberedikts"; dazu Huber, Verfassungsgeschichte I, S. 203; weiter ausgestaltet wurde die Gewerbefreiheit durch das „Gesetz über die polizeilichen Verhältnisse der Gewerbe" vom 7.9.1811, PrGS S. 263, das vor allem den überlieferten Zunftzwang beseitigte.

[7] Wannagat, S. 52; Stier-Somlo, Sozialgesetzgebung, S. 10 f.

[8] Wannagat, S. 52; Peters, S. 32.

[9] Achinger, S. 24 ff.; Schäfer, S. 58 f.; Stier-Somlo, Sozialgesetzgebung, S. 11 m.w.N.; Wannagat, S. 52.

[10] Die Lehren Smith's wurden in Deutschland vor allem durch den Königsberger Professor Christian Jakob Kraus verbreitet; Huber, Verfassungsgeschichte I, S. 187 und dort Anm. 2.

[11] Stier-Somlo, Sozialgesetzgebung, S. 12; Wannagat, S. 52.

[12] Eine Tatsache, die in der einschlägigen Literatur zu der sozialen Frage gern „verdrängt" wird; dazu auch Wannagat, S. 54.

[13] Zum Problem dieser „systemimmanenten Armut" ausführlich Schäfer, S. 56 ff.; Lütge, S. 414; Wannagat, S. 54 f.

reichende Vorsorgemaßnahmen zu treffen und der Besitzer der maschinellen Betriebsanlage — anders als früher der Lehnsherr[14] — keine soziale oder gar politische Verantwortung für seine Machtstellung trug[15]. Insgesamt stellte diese Entwicklung eines Industrieproletariats einen sozialen Umsturz[16] dar mit der Folge, daß die industrielle Arbeiterfrage zum brennenden sozialen Problem jener Zeit wurde, das einer raschen und grundlegenden Lösung harrte[17].

b) *Der politische Wandel*

Gleichzeitig mit dem ökonomischen Umbruch kam es auch im politischen Bereich zu einem entscheidenden Wandel — das Bürgertum rückte als der Träger der im Entstehen begriffenen neuen wirtschaftlichen Ordnung und damit des „Fortschritts" zunehmend in den Vordergrund und übernahm im Kampf um die Teilhabe an der politischen Macht gegen das ancien régime mehr und mehr auch die politische Führung — die sogenannte „bürgerliche Gesellschaft" entstand[18] —.

Für die soziale Komponente in der Gesetzgebung — von einer Sozialgesetzgebung im modernen Sinne konnte ohnehin keine Rede sein — bedeutete dies einen erheblichen Rückschritt, da die innenpolitische Diskussion weitgehend von der Verfassungsfrage — die liberalen Strömungen gliederten sich in einen radikaleren revolutionären und einen gemäßigteren auf Schaffung einer Verfassung gerichteten Flügel — beherrscht wurde[19]. Bei einem gleichzeitigen Versiegen des Aufklärungsoptimismus absorbierten jetzt Fragen der Freiheit des Bodens von Feudalisten, der Gewerbefreiheit, der Freizügigkeit, der Gerichtsöffentlichkeit und der Presse-, Vereinigungs- und Versammlungsfreiheit die geistigen Energien[20]. Für die soziale Frage hatte das die Konsequenz, daß der frühliberale Staat als Folge des „laissez-faire et passer"[21] nicht nur die Armenpflege reduzierte und anders als noch unter dem Eindruck der Aufklärungsidee auf die rein materielle Frage der Bedürftigkeit ver-

---

[14] Zur Frage der Erbuntertänigkeit ausführlich Stier-Somlo, Sozialgesetzgebung, S. 9; Huber, Verfassungsgeschichte I, S. 184 ff.

[15] Huber, Verfassungsgeschichte II, S. 416; Schäfer, S. 59; ähnlich auch Stolleis, S. 19.

[16] Zur Lage der Arbeiterschaft ausführlich Schäfer, S. 54 ff.; dazu auch Huber, Verfassungsgeschichte II, S. 416.

[17] So auch Wannagat, S. 54; ähnlich Schäfer, S. 27 und passim.

[18] Stolleis, S. 18.

[19] Zur neuen Gesellschaftsordnung und ihrer Entstehung ausführlich Lütje, S. 416 f.

[20] Stolleis, S. 18 und das dort Anm. 20 f. angegebene Schrifttum.

[21] Der Ursprung des Schlagwortes „laissez faire" ist unsicher. Einerseits wird es Vincent de Gounay, andererseits einem unbekannt gebliebenen Kaufmann aus der Zeit Colberts oder dem Marquis d'Argenson zugeschrieben; Vogel, S. 67.

engte, sondern er lehnte eine staatliche Gesundheitsfürsorge — wie auch ein Tätigwerden in anderen sozialen Bereichen — im Sinne einer sozialen Staatsaufgabe überhaupt ab[22]. Die Relativität der Begriffe „Rückschritt" und „Fortschritt" wird in dieser Epoche besonders deutlich: Das Beamtentum huldigte durchaus dem Zeitgeist, wenn es sich völlig liberal verhielt und jeden Eingriff des Staates in die sozio-ökonomischen Verhältnisse der Gesellschaft als „rückschrittlich" ablehnte, obwohl der begonnene technisch-industrielle Prozeß Verhältnisse geschaffen hatte, die sein Tätigwerden nicht nur rechtfertigen, sondern geradezu forderten[23].

Insgesamt kann diese Entwicklung, jedenfalls in ihren praktischen Auswirkungen auf das bedürftige Individuum, fast als Rückfall in den oben[24] beschriebenen Rechtszustand des absoluten „Polizeistaates" beschrieben werden, wobei sich gewisse Parallelen zur merkantilistischen Auffassung über die Sozialfrage geradezu aufdrängen. Mit einem gewissen Sarkasmus kann denn auch *Stolleis* konstatieren, daß der frühliberale Staat sich allenfalls dort zu Maßnahmen entschloß, „wo die Zustände sogar der unternehmerischen Ethik widersprachen und gesundheitliche Dauerschäden (bei jugendlichen Fabrikarbeitern — Anmerkung des Verfassers) erzeugten, die schließlich den Musterungskommissionen der Armeen auffielen"[25]. Eine Entwicklung, die dann schließlich nach einer rund zwanzigjährigen Bemühung durch das „Regulativ über die Beschäftigung jugendlicher Arbeiter in Fabriken" vom 9. März 1839 zum Verbot der Kinderarbeit in Preußen führte[26]; eine Regelung, die insofern

---

[22] Dazu ausführlich Schindler, S. 149 ff.; Stolleis, S. 18.

[23] v. Unruh, Der Kreis im 19. Jahrhundert zwischen Staat und Gesellschaft, S. 99 f., spricht in diesem Zusammenhang zu Recht von einem „völligen Rückzug des Staates aus seiner sozialen Verantwortung"; siehe dazu aber auch das dort in diesem Zusammenhang gegebene Beispiel, daß sich bei unseren staatlichen Behörden eine stärkere Sorge des Staates für die sozial schwächeren Schichten der Bevölkerung durchzusetzen begann.

[24] Siehe oben Abschnitt I.2.

[25] Craemer, S. 7; Köllmann, S. 412 f.; Peters, S. 33: Die erste hiergegen gerichtete überlieferte Maßnahme dürfte allerdings bereits der Runderlaß des preußischen Staatskanzlers Fürst Hardenberg an die Oberpräsidenten der sechs industriereichen Provinzen Preußens über die soziale Frage vom 5. September 1817 (abgedruckt bei Huber, Dokumente I, Nr. 25) gewesen sein, bei dem jedoch nicht bekannt ist, wie die Oberpräsidenten auf diese Anregung reagiert haben; dazu ausführlich Erdbrügger, S. 432 ff.; Huber, Verfassungsgeschichte II, S. 28. Zu den Anstößen und der Vorgeschichte für die Gesetzgebung ausführlich G. K. Anton, S. 3 ff.; z.T. a.A. Erdbrügger, S. 436.

[26] Bereits 1818 hatte der der preußischen Reformpartei angehörende Kultusminister Freiherr vom Stein zum Altenstein in Anlehnung an eine bereits seit 1802 in England bestehende Regelung ein derartiges Gesetz einzuführen versucht, war jedoch an dem der Restaurationspartei angehörenden Innenminister v. Schuckmann gescheitert. Aufgrund von Musterungsergebnissen erstattete 1826 der kommandierende General des 7. Armeekorps Generalleutnant von Horn einen „Landwehrgeschäftsbericht" an den preußischen König Friedrich Wilhelm III. über mangelnde Tauglichkeit von Rekruten der Fabrikgegenden

von großer Bedeutung ist, als sie den *Beginn einer Arbeiterschutzgesetzgebung in Deutschland* überhaupt darstellte[27] und damit zum ersten Mal der Begriff des „Gemeinwohls“ den sozialen Akzent erhielt, der ihm seitdem innewohnt[28]. Einschränkend muß allerdings auch hier gesagt werden, daß dieses Gesetz zwar de jure die übelsten Mißstände beseitigte, insgesamt aber noch unzureichend[29] und in der Praxis leicht zu umgehen war und umgangen wurde, weil die Einführung einer Fabrikinspektion, um die Durchführung des Gesetzes durchzusetzen und auch zu kontrollieren, zunächst unterblieb[30].

c) *Erste sozialpolitische Bestrebungen*

Dennoch besagt dies nicht, daß in der Zeit des „Vormärz“[31] — also vor 1848 — abgesehen von den oben[32] geschilderten Beispielen, keinerlei

infolge früher körperlicher Überlastung. Daraufhin erließ dieser am 12.5.1828 eine Kabinettsordre, in der die zuständigen Minister für Kultus v. Altenstein und Inneres v. Schuckmann aufgefordert wurden, geeignete Maßnahmen gegen die festgestellten Mißstände und Einschränkung der Kinderarbeit vorzuschlagen (abgedruckt bei Huber, Dokumente I, Nr. 26). Die Bearbeitung wurde jedoch wiederum durch den Innenminister v. Schuckmann verzögert. 1837 beantragten die rheinischen Provinzialstände — angeregt durch den Oberpräsidenten v. Bodelschwingh-Velmede und den Fabrikanten Schuchard — eine Arbeitsschutzgesetzgebung für Kinder, die aber erst am 9.3.1839 durch ein Regulativ des preußischen Staatsministeriums über die Beschäftigung jugendlicher Arbeiter in Fabriken eingeführt und durch Order Friedrich Wilhelms III. am 9.4.1839 (PrGS S. 156) zum ersten preußischen Kinderschutzgesetz wurde. Die wichtigsten Regelungen dieses Gesetzes waren das generelle Verbot der Fabrik- und Bergwerksarbeit für Kinder unter 9 Jahren (§ 1), eine Arbeitszeitbeschränkung von 10 Stunden für Jugenliche bis zu 16 Jahren (§ 3) bei einem gleichzeitigen Verbot der Sonn- und Feiertagsarbeit sowie der Nachtarbeit zwischen 21 und 5 Uhr (§ 5); zur Entstehungsgeschichte ausführlich G. K. Anton, S. 3 ff. und die dort abgedruckten Dokumente, S. 167 ff.; dazu auch Erdbrügger, S. 432 ff. und Huber, Verfassungsgeschichte II, S. 28 ff. Das Regulativ vom 9. 3.1879 ist auch abgedruckt bei Huber, Dokumente I, Nr. 27.

[27] Dem preußischen Gesetz folgten entsprechende Gesetze in Bayern vom 15.1.1840, das durch eine Verordnung vom 10.7.1854 noch verschärft wurde, und Baden (4.3.1840); eine gleichartige Verordnung im Bremen (4.4.1842) beschränkte die Kinderarbeit nur in den Zigarrenfabriken; Sachsen, Württemberg und Baden folgten erst 1861 bzw. 1862; dazu auch Köllmann, S. 415 ff.; Erdmann, S. 4 f.; Peters, S. 33.

[28] So Huber, Verfassungsgeschichte I, S. 30, der darin — m.E. zu früh Erdbrügger, S. 440 — bereits den *Beginn der Entwicklung zu einem Sozialstaat*, der dieser „durch vielfältige Wandlungen hindurch treu geblieben“ sei, innerhalb des preußisch-deutschen Staates sieht.

[29] Erdbrügger, S. 439 f. m.w.N.

[30] Köllmann, S. 417; Erdmann, S. 4f.; ein entsprechender Antrag Schuchards im rheinischen Provinziallandtag 1843 wurde dort abgelehnt. Erst 1845 wurden durch Ministerialerlaß „Lokalkommissionen“ für die Aufsicht über die Einhaltung der Schutzvorschriften eingesetzt. An ihre Stelle trat 1853 eine fakultative (abgedruckt bei G. K. Anton, S. 181 ff.) und schließlich 1878 eine obligatorische staatliche Gewerbeaufsicht.

[31] Dazu Huber, Verfassungsgeschichte II, S. 502 ff.

[32] Siehe oben Abschnitt I.4.c).

sozialpolitische Bestrebungen zum Zuge gekommen wären. Entscheidend ist jedoch, daß die Programme der deutschen Sozialkritiker[33] eine Lösung der „sozialen Frage" in assoziativen Einrichtungen — Spar- und Darlehenskassen, Alten-, Kranken- und Invalidenversicherungsanstalten, Konsumvereine — suchten und Forderungen an den Staat gemäß dem liberalen Grundsatz der „Hilfe zur Selbsthilfe" ausgeschlossen sehen wollten. Grundprinzip von Regierung und Verwaltung noch in den 40er Jahren des 19. Jahrhunderts blieb eine weitgehende Abstinenz des Staates im Hinblick auf wirtschafts- aber auch sozialpolitische Eingriffe, wobei die Gesellschaft weitgehend aus den Bereichen der politischen Entscheidung ausgesperrt wurde[34]. Dennoch gab es punktuelle Verbesserungen etwa in der in ihrem organisatorischen Grundriß aus der Zeit des Absolutismus stammenden Armengesetzgebung[35]. Abweichend von den bisherigen Regelungen versuchte man zudem, mit dem sich durch die industrielle Revolution, die Aufhebung von Zunftbindung, Leibeigenschafts- und Lehensverhältnissen eintretenden sozialen Umbruch — die immobile Gesellschaft wird dadurch mehr und mehr zu einer mobilen — Schritt zu halten. So wurde das im Armenrecht praktizierte und durch die Entwicklung immer fragwürdiger gewordene Heimatprinzip 1842 in Preußen in ein Wohnsitzprinzip umgewandelt[36], was eine wesentliche Besserstellung des Betroffenen mit sich brachte[37].

Dennoch kann festgestellt werden, daß eine wirkliche Reform des Armenwesens im ganzen 19. Jahrhundert nicht stattgefunden hat: man war lange davon überzeugt, daß die „mecanique sociale" — das freie Spiel der Kräfte — ein wirksames Eingreifen des Staates zugunsten der sozial Schwachen überflüssig mache, und verweigerte ihnen deshalb ein subjektiv-öffentliches Recht auf Hilfe[38], die so weitgehend privates bzw. öffentliches „Almosen" bleiben mußte.

---

[33] Ausgangspunkt war vor allem Saint-Simons (1760—1825) Schrift „Le nouveau christianisme" von 1825; dazu Beer, S. 61 ff. Am bekanntesten geworden in Deutschland ist wohl Friedrich Harkots „Emanzipation und Zivilisation der unteren Klassen", teilweise abgedruckt bei Schraepler I, S. 87; Köllmann, S. 417 und dort Anm. 33.

[34] Köllmann, S. 417.

[35] Dabei änderte sich jedoch nichts an der Tatsache, daß es keinen im Rechtsweg verfolgbaren Anspruch gab. Auch das Gesetz vom 6.6.1870 (BGBl. S. 360) gab dem Hilfsbedürftigen nur das Recht der Aufsichtsbeschwerde; Stolleis, S. 18 und Anm. 22; Wolfrum, S. 32. Der entscheidende Nachteil bestand jedoch darin, daß die Armengesetze die Gemeinden gemäß dem damals geltenden Heimatprinzip lediglich verpflichteten, in ihren Grenzen geborene Bürger zu unterstützen; dagegen knüpft das seit 1842 geltende Wohnsitzprinzip an den derzeitigen ständigen Aufenthaltsort des Hilfsbedürftigen an.

[36] Gesetz über die Verpflichtung zur Armenpflege vom 31.12.1842 (PrGS 1843, S. 8) — abgedruckt auch bei Stolleis, S. 69 ff.; zu weiteren Regelungen Stolleis, S. 19.

[37] Schmeling, S. 316; Stolleis, S. 19.

[38] Jellinek, System der subjektiven öffentlichen Rechte, S. 73 und das dort

Auch auf dem Gebiet der Sozialversicherung — mit den Bereichen Kranken-, Invaliden- und Unfallrentenversicherung — geschah von staatlicher Seite entsprechend dem herrschenden Staatsverständnis zunächst praktisch nichts[39]. Erst als das soziale Problem der durch die industrielle Revolution geschaffenen Schicht der Fabrikarbeiter auf ein Eingreifen des Staates drängte, versuchte der preußische Staat mit der „Allgemeinen Gewerbeordnung" vom 17. Januar 1845[40] dadurch Abhilfe zu schaffen, daß er neben der Gewerbefreiheit und der Abschaffung der Zunftprivilegien auch „der Notlage der Arbeiter bei den Wechselfällen des Lebens" gedachte[41]. Erreicht werden sollte dies durch eine Reform der bereits seit dem Mittelalter bestehenden, aus genossenschaftlicher Selbsthilfe gewachsenen Unterstützungskassen[42], indem nunmehr gesetzlich — in den §§ 144, 145 GewO — die Möglichkeit der Neugründung von Unterstützungskassen auch für Fabrikarbeiter (für Handwerksgesellen und -gehilfen bedeutete diese Regelung lediglich eine Bestätigung alter Rechtspositionen) geschaffen wurde. Der Beitritt war jedoch freiwillig, lediglich für Gesellen und Gehilfen sah die GewO in den §§ 168 ff. einen Beitrittszwang durch von den Gemeinden zu erlassende Ortsstatuten vor.

Alle diese Regelungen enthielten jedoch wiederum keine Vorschriften über Organisationsform, Leistungen und Aufbringung der Beiträge. Es blieb alles fakultativ[43] und damit auch wenig erfolgreich, selbst als mit der Verordnung vom 9. Februar 1849[44] in Preußen ein weiterer staatlicher Vorstoß zur Verbesserung der sozialen Absicherung der Arbeitnehmer unternommen wurde und das Recht, die Ortsstatuten und damit den Beitrittszwang zu konstituieren, im Jahre 1854 auf die Bezirksregierungen überging[45].

in Anm. 1 zitierte Schrifttum; Peters, S. 29; Rosin, S. 12; Stolleis, S. 20; zum Problem der „Diskriminierung" durch Entziehung des aktiven und passiven Wahlrechts bei Inanspruchnahme der Armenunterstützung, Stolleis, S. 19 f.

39 Abgesehen von den bestehenden Regelungen im ALR, siehe oben Abschnitt I.3.

40 PrGS S. 41; dazu Huber, Verfassungsgeschichte I, S. 208.

41 Peters, S. 33.

42 Siehe oben Abschnitt I.1.

43 Peters, S. 34.

44 PrGS S. 93, 105; danach konnte die Gemeinde auch selbständige Gewerbetreibende zum Beitritt in die noch bestehenden Innungskassen (§ 56) und zu Beitrittsleistungen (§ 57) verpflichten. Gleichzeitig wurde die Bestimmung des § 169 GewO über die Verpflichtung der Gesellen auf die Fabrikarbeiter ausgedehnt (§ 58). Die Beiträge zu den Krankenkassen wurden erstmalig gesetzlich auf Arbeitnehmer — 2/3 — und Arbeitgeber — 1/3 — verteilt, wobei die Arbeitgeber für die Beiträge, die im Verwaltungsverfahren beigetrieben werden konnten, hafteten (§ 59).

45 „Gesetz, betreffend die gewerblichen Unterstützungskassen" vom 3. April 1854, PrGS S. 138; dazu Stolleis, S. 31.

Der Erfolg der durch das Gesetz gegebenen sozialpolitischen Möglichkeiten stand und fiel mit dem Willen der Gemeinden — und später der Bezirksregierungen —, die entsprechenden Ortsstatuten tatsächlich zu errichten, wozu sich diese gemäß ihrer liberalen Grundhaltung nur ungern entschlossen[46]. Die Folge war eine Stagnation in der Entwicklung des gewerblichen Hilfskassenwesens trotz verbesserter legislatorischer Möglichkeiten, die solange andauern mußten, als der in Wirtschaftstheorie, Beamtentum und Parlamenten überwiegend herrschende politische und soziale Liberalismus nicht gebrochen war und durch ein staatliches Eingreifen ein umfassendes attraktives Sozialversicherungssystem für die sozial Abhängigen geschaffen wurde.

In den anderen deutschen Ländern blieb die Entwicklung auf dem Gebiet der Sozialversicherung zum Teil hinter den verhältnismäßig fortschrittlichen preußischen Regelungen zurück[47], zum Teil entsprachen die Verhältnisse dem Zwangshilfskassen- und freiwilligen Hilfskassen-System in Preußen[48]. Dasselbe gilt für das Knappschaftsrecht, dort wurden die einen gewissen Endpunkt bildenden Regelungen des „Allgemeinen Berggesetzes für die Preußischen Staaten" vom 24. Juni 1865[49] von den meisten anderen Ländern übernommen[50].

Auch durch die norddeutsche Gewerbeordnung vom 21. Juni 1869[51] wurde eine wirksame Verbesserung der Lage der Arbeiterschaft nicht erreicht, da sie lediglich in ihrem § 141 die bereits bestehenden „Anordnungen der Landesgesetze über die Kranken-, Hülfs- und Sterbekassen für Gesellen, Gehülfen und Fabrikarbeiter" in Kraft bleiben ließ, ja sie hob sogar die Beitrittspflicht für solche gewerblichen Arbeiter auf, die nachweisen konnten, daß sie einer anderen Kranken-, Hülfs- oder Sterbekasse angehörten, ohne aber gleichzeitig Bestimmungen darüber aufzustellen, welchen Anforderungen eine derartige andere Kasse entsprechen

---

[46] Peters, S. 34; Stolleis, S. 31.

[47] Peters, S. 40 f.

[48] In Hannover durch die Gewerbeordnung vom 1.8.1847 und das Gesetz vom 15.6.1848; in Hessen durch die Zunftordnung vom 5.3.1816 und — für Dienstboten — durch die Gemeindeordnung von 1877; in Mecklenburg durch die Gesetze vom 28.9. und 2.10.1869; in Oldenburg durch die Gesetze vom 11. und 23.7.1863; in Schleswig-Holstein, Hamburg, Braunschweig und den thüringischen Staaten durch Gesetze um 1870; dazu Peters, S. 42.

[49] Siehe oben Abschnitt I.3.

[50] So in Braunschweig durch das Gesetz vom 15.4.1867; in Anhalt durch das Gesetz vom 30.4.1875; in Hessen durch das Gesetz vom 28.1.1876; in Oldenburg durch das Gesetz vom 18.3.1891; in Bayern durch das Berggesetz vom 20.3.1869; in Württemberg durch Gesetz von 1874; Sachsen wich mit seinem Berggesetz vom 16.6.1868 von den preußischen Regelungen ab; in Baden sowie einigen kleineren Territorien gab es kein Knappschaftsrecht, die Bergleute wurden dort als Industriearbeiter angesehen; dazu Peters, S. 42 f.

[51] Gewerbeordnung für den Norddeutschen Bund vom 21. Juni 1869, BGBl S. 245 ff.

mußte. Die Folge war, daß einerseits das Gesetz durch Bildung fiktiver oder lebensunfähiger Kassen umgangen wurde, andererseits die genehmigenden Behörden durch Nichtanerkennung wirtschaftlich wohlbegründeter Kassen die Befreiung illusorisch machen konnten[52]. Eine geringe Abhilfe hiergegen schafften zwar das „Gesetz über die eingeschriebenen Hülfskassen“ vom 7. April 1876[53] zusammen mit dem Änderungsgesetz vom 8. April 1876[54] und einzelnen Abänderungen der Gewerbeordnung[55]; das gewünschte Ziel, nämlich ein auch zahlenmäßig umfassender Krankenversicherungsschutz der sozial abhängigen Arbeiter, wurde jedoch bis zum Anfang der 80er Jahre des Jahrhunderts nicht erreicht[56].

Daneben kam es auch auf dem Gebiet des Unfallschutzes — zunächst wiederum in Preußen — zu den ersten gesetzlichen Regelungen. Bereits 1838 verpflichtete § 25 des „Gesetzes über die Eisenbahn-Unternehmungen“[57] die neu entstandenen Eisenbahngesellschaften zur Haftung für Schäden an beförderten Personen oder Gütern, sofern nicht der Schaden durch eigenes Verschulden oder ein unabwendbares Ereignis eingetreten war, wobei die Natur des Unternehmens nicht als ein derartiges unabwendbares Ereignis galt. Entscheidend war, daß vom Geschädigten nicht der Nachweis eines Verschuldens durch die Gesellschaft oder einen ihrer Bediensteten geführt werden mußte — es handelt sich damit, soweit ersichtlich, um den ersten Fall der gesetzlichen Regelung einer Gefährdungshaftung überhaupt.

Diese Regelung wurde im Jahre 1869 sogar dahin ergänzt, daß die Eisenbahnen nicht befugt waren, die in § 25 geregelte gesetzliche Haftung „durch Verträge (mittels Reglements oder durch besondere Übereinkunft) im voraus auszuschließen oder zu beschränken“; entgegenstehende Vertragsbestimmungen waren ohne rechtliche Wirkung[58]. Entscheidend für

---

52 Peters, S. 45.

53 RGBl. S. 125; dazu Töpfer, S. 163 ff.

54 Gesetz, betr. die Abänderung des Titels VIII der GewO, RGBl. S. 134 — inhaltlich eine Neuformulierung des alten § 141 GewO.

55 Gesetz vom 18.7.1881, RGBl. S. 233 ff.

56 So auch die Begründung zum Gesetzentwurf des Krankenversicherungsgesetzes von 1883, RT Sten.Ber. 1882/83 Bd. V, S. 140; dazu Rosin, S. 17. Bis Ende 1880 waren in Preußen lediglich 278, in allen übrigen Bundesstaaten zusammen nur 20 Ortsstatute erlassen; bis dahin hatten in Preußen 559 Krankenkassen für Arbeiter mit 123 000 Mitgliedern die Rechte eingeschriebener Hilfskassen erlangt, unter denen aber nur 112 neu errichtete Kassen waren. Dazu kamen in den gesamten übrigen Bundesstaaten weitere 321 — davon wiederum 120 neue — Kassen. Die noch nicht in eingeschriebene Hilfskassen umgewandelten Kassen für Handwerker, Gewerbe- und Fabrikarbeiter gingen von 1876 mit 5 239 Kassen und 869 204 Mitgliedern bis zum Jahre 1880 sogar auf 4 342 Kassen mit 716 738 Mitgliedern zurück. 1880 betrug die Zahl aller Kassen dann wieder 4 901 mit 839 602 Mitgliedern; Peters, S. 46; Stier-Somlo, Sozialgesetzgebung, S. 61; Wannagat, S. 55; Töpfer, S. 173.

57 Gesetz vom 3.11.1838, PrGS S. 505 ff.

spätere Regelungen — auch auf anderen Gebieten — ist, daß hier zum ersten Mal die Ausübung privater Vereinbarungen gegenüber öffentlich-rechtlichen Gesellschaften untersagt wurde, ein Verbot, das später gerade in der Reichsversicherung häufig wiederkehrt[59].

Am 7. Juni 1871 erschien dann als eines der ersten Gesetze des jungen deutschen Kaiserreichs das „Gesetz, betreffend die Verbindlichkeit zum Schadensersatz für die bei dem Betrieb von Eisenbahnen, Bergwerken etc. herbeigeführten Tödtungen und Körperverletzungen"[60]. Danach hafteten — neben der unveränderten, weiterbestehenden Gefährdungshaftung der Eisenbahnbetriebe (§ 1) — Unternehmer von Bergwerken, Steinbrüchen, Gruben oder Fabriken nach Unfällen bei eigenem oder einem Verschulden eines ihrer Angestellten für Heilungs- oder Beerdigungskosten, ferner für erlittene Vermögensnachteile des Verletzten und durch Tötung entzogener Unterhaltsansprüche Dritter (§ 2); der Anspruch verjährte in zwei Jahren. Nachteile dieser rein zivilrechtlichen Schadensersatzregelung waren, daß die Beweislast für das vom Gesetz geforderte Verschulden den Verletzten bzw. dessen Hinterbliebenen traf — eine in der Praxis oft unlösbare Aufgabe — und daß viele ebenfalls gefahrenträchtige Betriebsarten durch das Gesetz nicht erfaßt wurden.

Parlamentarische Initiativen im Jahre 1878, eine Umkehrung der Beweislast in das Gesetz einzubauen und den Katalog der vom Gesetz erfaßten Betriebe zu erweitern, scheiterten ebenso wie 1879 die Anträge, das Haftpflichtgesetz durch eine freiwillige bzw. obligatorische Alters- und Invalidenversicherung von Staats wegen zu ergänzen[61]. Auch eine dem französischen Beispiel[62] nachgebildete Altersversorgungsanstalt, die Bismarck bereits 1863 für Preußen einzurichten plante, scheiterte am negativen Votum der Regierungspräsidenten[63].

II. Ideengeschichtliche Einflüsse

1. Rechtsphilosophische Grundlagen

Ansätze zu sozialstaatlichen Ideen und Modelle für die Lösung der sozialen Probleme sind von der Wissenschaft bereits in einem relativ frühen Zeitpunkt der Industrialisierung entwickelt worden. Zwar war noch bis

---

[58] Gesetz, betr. einen Zusatz zu § 25 des Gesetzes über die Eisenbahn-Unternehmungen vom 3. November 1838, vom 3. Mai 1869, PrGS S. 665.

[59] Peters, S. 47; Stier-Somlo, Sozialgesetzgebung, S. 41.

[60] RGBl S. 207.

[61] RT Sten.Ber. 1878 Bd. III, Aktenstücke Nr. 28 S. 442, Nr. 48 S. 534; 1878 Bd. IV Aktenstücke Nr. 128 S. 981, Nr. 133 S. 983; 1879 Bd. IV Aktenstücke Nr. 23 S. 381 f.; Vogel, S. 31 und Anm. 3; Peters, S. 47.

[62] Siehe unten Abschnitt II.2.c).

[63] Dazu ausführlich Pense, S. 16 und das dort in Anm. 7 angegebene Schrifttum; Peters, S. 48.

in die zweite Hälfte des 19. Jahrhunderts hinein die Wissenschaft von der Lehre der freien Konkurrenz beherrscht, wonach sich der Einfluß des Staates allein auf die Verwirklichung von Rechtszwecken und die Aufrechterhaltung der Rechtsordnung zu beschränken hatte[1], doch kamen den sozialen Theoretikern angesichts der sich abzeichnenden Verschärfung der sozialen Lage die Grenzen der liberalen Wirtschaftslehre schon frühzeitig zum Bewußtsein[2].

a) Georg Wilhelm Friedrich Hegel

In seiner 1821 erschienenen „Rechtsphilosophie" stellte Georg Wilhelm Friedrich *Hegel* (1770—1831) als einer der ersten das soziale Problem des heraufziehenden Industriezeitalters dar[3], ohne allerdings bereits die gängigen Begriffe des „Arbeiterstandes" oder des „Proletariats" zu gebrauchen[4].

Nach Hegel bringt das „Herabsinken einer großen Masse unter das Maaß einer gewissen Subsistenzweise" die „Erzeugung des Pöbels hervor"[5]. Das Unterschreiten eines existenziellen ökonomischen Minimums führe bei den Betroffenen zum „Verluste des Gefühls des Rechts, der Rechtlichkeit und der Ehre, durch eigene Thätigkeit und Arbeit zu bestehen" und zugleich zu einer Konzentration von Reichtum in wenigen Händen[6]. Die wichtige Frage, gegen die Armut als den Kern der Entfremdung von der Gesellschaft und damit vom Staat Abhilfe zu schaffen, sei deshalb eine „vorzüglich die modernen (nach Hegel bürgerlichen) Gesellschaften bewegende und quälende"[7].

Das von Hegel für eine Abhilfe vorgeschlagene Instrumentarium erscheint jedoch nach modernerem Verständnis eher begrenzt, da er eine Unterstützung der Bedürftigen durch direkte Mittel — aus einer Besteuerung der Reichen oder Erträgen aus öffentlichem Eigentum — oder durch indirekte Maßnahmen — Schaffung von neuen Arbeitsstellen — ablehnt; das erste sei eine reine Fürsorgemaßnahme, „ohne durch die Arbeit vermittelt zu seyn", das zweite würde die auslösenden Ursachen

---

[1] So konnte noch 1864 der liberale Volkswirtschaftler und spätere nationalliberale Abgeordnete John Prince-Smith (1809—1874), der zugleich einer der führenden Theoretiker des wirtschaftlichen Liberalismus war, von der „sog. Arbeiterfrage, die sich nicht einmal stelle", sprechen; abgedr. bei Schraepler, Bd. I, S. 173.

[2] Lütge, S. 528; Vogel, S. 67.

[3] Hegel, Grundlinien der Philosophie des Rechts, §§ 243—256; zur Entstehungsgeschichte im einzelnen Riedel, Einleitung zu Hegels Rechtsphilosophie, S. 10/11; Huber, Verfassungsgeschichte II, S. 419.

[4] Bauer, S. 40 f.

[5] Rechtsphilosophie, § 244.

[6] Rechtsphilosophie, § 244.

[7] Rechtsphilosophie, Zusatz zu § 244.

der Armut, die zu umfangreiche Produktion und den Mangel selbst produzierender Konsumenten, nur noch vermehren[8]. Als Maßnahmen empfiehlt Hegel dagegen die Entwicklung der Industrie durch den Handel über das Meer, das er so wie den Grund und Boden für die Familie für das belebende, natürliche Element der Industrie hält[9].

Im Zusammenhang damit sieht er auch in der Kolonisation ein geeignetes Mittel, um der Industrie „einen neuen Bedarf und Feld ihres Arbeitsfleißes" zu verschaffen und gleichzeitig der Bevölkerung auf neuem Boden die Möglichkeit der Rückkehr zum Familienprinzip zu geben[10].

Erfolgversprechender erscheint dagegen Hegels Ansatz über die Bildung von Korporationen (§§ 250—256). Im genossenschaftlichen Wesen als einer „zweiten Familie" gelangt die bürgerliche Gesellschaft zu ihrer Vollendung und schlägt so in das allgemeine Prinzip des Staates um[11].

b) Lorenz von Stein

Auf den Erkenntnissen *Hegels* fußend[12], aber nicht zuletzt unter dem Eindruck der sich in der Juli-Revolution 1830 in Frankreich zeigenden und von Hegel nicht vorhersehbaren Dynamik der gesellschaftlichen Entwicklung, führte Lorenz *von Stein* (1815—1890)[13] die Analyse der bürgerlichen Klassengesellschaft weiter[14] und wird so zum ersten großen Verfechter des Prinzips eines Sozialstaats[15] — ohne allerdings den Begriff „Sozialstaat" bereits selbst zu verwenden[16].

Stein geht dabei vom inneren Antagonismus der aus der volkswirtschaftlichen Gesellschaft hervorgehenden industriellen Gesellschaft aus, der begründet ist durch die Relation von Kapital und Arbeit und so den Gegensatz zwischen besitzender und nichtbesitzender Klasse erzeugt[17]. Innerhalb der Gesellschaft verlagert sich die damit einsetzende Bewegung von einer zunächst politischen auf die soziale Ebene[18], wobei nach

---

[8] Rechtsphilosophie, § 245.

[9] Rechtsphilosophie, § 247.

[10] Rechtsphilosophie, § 248.

[11] Bauer, S. 41.

[12] Dazu ausführlich Bauer, S. 35 ff. und das dort angegebene Schrifttum; Huber, Verfassungsgeschichte II, S. 419; ders., Nationalstaat, S. 133.

[13] Zur Biographie Schmidt, S. 117 ff., insbesondere S. 123 ff.

[14] „Mit der Julirevolution betreten wir einen ganz neuen Boden", so Stein, Geschichte der sozialen Bewegung, Bd. II, S. 1; dazu Bauer, S. 43; Huber, Verfassungsgeschichte II, S. 419; Schäfer, S. 54 ff.

[15] Huber, Nationalstaat, S. 142, Grewe, Arbeitgeber, S. 39 f.

[16] v. Unruh, Organisation der Dienstleistungen, DVBl 1974, S. 795.

[17] Bauer, S. 43; Böckenförde, S. 531.

[18] Geschichte der sozialen Bewegung Bd. II, S. 11, 12, 55 f.; Bauer, S. 43; Böckenförde, S. 532.

Stein die eigentliche soziale Tatsache ist, daß „eben der Arbeiterstand begonnen hat, sich als ein selbständiger, leidender, vom Kapitale beherrschter, aber dennoch vom Wesen der Arbeit wie vom Wesen der Persönlichkeit zur gesellschaftlichen Gleichheit mit dem besitzenden Stande berufener zweiter Stand der Gesellschaft zu erkennen"[19].

Gleichzeitig mit dem Hervorbringen des Klassenantagonismus und der sozialen Bewegung, verändert sich nunmehr gegenüber der alten volkswirtschaftlichen Gesellschaft auch das Verhältnis zur Staatsgewalt[20]. Die sich feindlich gegenüberstehenden gesellschaftlichen Klassen müssen zur Durchsetzung ihrer politischen Ziele versuchen, sich der Staatsgewalt zu bemächtigen — der gesellschaftliche wird zugleich zum politischen Kampf[21], notwendigerweise wird auch das Soziale zum Inhalt des Politischen[22]. Hier ist nun der der gesamten Gesellschaft verpflichtete Staat aufgerufen, einen Ausgleich der Gegensätze herbeizuführen. Steins Leitbild einer Lösung ist die Idee des sozialen Königtums[23], wobei jedoch seine eigentliche Antwort hinter dieser „zeitgebundenen Chiffre"[24] liegt, nämlich im sozialen verwaltenden Staat[25], der sich der beständigen sozialen Reform als „wahrer Lebensaufgabe" öffnen muß[26].

Inhaltlich sah Stein die Aufgabe des Sozialstaats in der Erhebung der arbeitenden Klasse zu Bildung und Besitz, worin er zugleich die Wiederherstellung des Sinns und Werts der Arbeit sah, die das eigentliche Kapital, die Grundlage allen Eigentums und aller Wirtschaft, das innere Prinzip des Güterlebens und der Gesellschaft darstelle[27].

[19] Geschichte der sozialen Bewegung Bd. II, S. 96.

[20] Böckenförde, S. 533.

[21] Bauer, S. 44; Böckenförde, S. 533.

[22] Bauer, S. 47; Böckenförde, S. 533.

[23] „Alles Königtum wird fortan entweder ein leerer Schatten oder eine Despotie werden, oder untergehen in der Republik, wenn es nicht den hohen sittlichen Mut hat, ein Königtum der sozialen Reformen zu werden"; Geschichte der sozialen Bewegung, Bd. III, S. 49; Böckenförde, S. 537; dazu ausführlich v. Unruh, Die Legitimation der hoheitlichen Gewalt als konstitutionelles Verfassungsproblem, S. 444 f.

[24] Bauer, S. 48 f.; Blasius, S. 562 ff.; Böckenförde, S. 534 m.w.N.; Pankoke, S. 120 ff.; Schmidt, S. 124; v. Unruh, Organisation der Dienstleistungen, DVBl 1974, S. 795; anderer Meinung ist Huber, Nationalstaat, S. 136 f., der die Lehre vom sozialen Königtum für das „Kernstück der Sozialtheorie Steins" hält.

[25] v. Stein. Gegenwart und Zukunft, S. 294; Böckenförde, S. 533; dazu auch Forsthoff, Verwaltungsrecht, S. 43 f.; bereits in Bd. III der Geschichte der sozialen Bewegung, S. 405 ff., entwickelt Stein den Gedanken von der „sozialen Demokratie": „Die Zeit der Versuche, durch die Verfassung allein oder durch die gesellschaftliche Doktrin allein die Harmonie der Lebenselemente in den Völkern herzustellen, ist vorbei. Künftig wird jeder Gedanke über den Staat mit der Gesellschaft, jeder Gedanke über die Gesellschaft mit dem Staate Hand in Hand gehen"; es beginne „der Kampf der sozialen Demokratie mit der industriellen Reaktion", S. 406.

[26] Bauer, S. 48, 50 f.

[27] Huber, Nationalstaat, S. 142 f.

c) *Robert von Mohl*

Sehr früh — nämlich schon 1835 — hat auch der politische Führer des südwestdeutschen Liberalismus[28], Robert *von Mohl* (1799—1875)[29], die Problematik des Massenelends erkannt[30] und eine wirksame Einbeziehung des sozialen Aufgabenbereiches in den Rahmen der rechtsstaatlichen „Polizeiwissenschaft" und damit der Verwaltungslehre gefordert[31]. Mohls umfangreiche Reformvorschläge reichen von repressiven Maßnahmen wie Einschränkung der Gewerbefreiheit und der Eheschließung — insoweit dem Engländer Thomas Robert *Malthus* ähnlich[32] — bis zu einer auch für heutige Verhältnisse fortschrittlichen Gewinnbeteiligung und Kapitalbildung der Arbeitnehmer[33].

d) *Friedrich Julius Stahl*

Ähnlich wie *Stein* und *Mohl* hat Friedrich Julius *Stahl* (1802—1861) in seiner „Philosophie des Rechts"[34] Sinn und Aufgabe des Staates definiert und gerade für die Lösung der „Arbeiter-Frage" bereits im Jahre 1847 zukunftsweisende Einsichten vermittelt[35], indem er nach einer Analyse der sozialen Entwicklung dem Staat gemäß seiner sittlichen Idee die Aufgabe zuwies, sich neben einer wirtschaftlichen „Umverteilung"[36] auch der sozialen Lage der Arbeiter anzunehmen, denn es sei „eine Verletzung des Rechts und der Gerechtigkeit, wenn die Obrigkeit ihren Beruf versäumend, die ganze Erwerbthätigkeit sich selbst überläßt"[37].

Nach Stahl bedeutete das die Schaffung gesetzlicher sowohl schützender als auch vergesellschaftender Verpflichtungen des Unternehmers,

---

[28] Schraepler, Bd. I, S. 24.

[29] Mohl wurde im Jahre 1870 geadelt.

[30] Mohl, Über die Nachteile, welche den Arbeitern selbst, als dem Wohlstande und der Sicherheit der gesamten bürgerlichen Gesellschaft von dem fabrikmäßigen Betriebe der Industrie zugehen, und über die Notwendigkeit gründlicher Vorbeugungsmittel; zit. nach Schraepler, Bd. I, S. 84; dazu auch Rößler, S. 101 f.; v. Unruh, Grundkurs, S. 206.

[31] Schraepler, Bd. I, S. 24; Rößler, S. 102 m.w.N.

[32] Dazu ausführlich Schäfer, S. 40 ff.

[33] Rößler, S. 102; Der wissenschaftliche Wille zur ständigen Beschäftigung mit „Pauperismus, Proletariat" und „Organisation der Arbeit" wird auch im Vorwort zum 1. Heft der seit 1844 von Mohl und anderen Tübinger Rechts- und Staatswissenschaftlern herausgegebenen „Zeitschrift für die gesamte Staatswissenschaft" betont und noch in demselben Jahrgang von Fallati in seinem Aufsatz über „Das Vereinswesen als Mittel der Sittigung der Fabrikarbeiter" aufgegriffen; zu der „Neuen Tübinger Schule" um v. Mohl zuletzt Jens, S. 297.

[34] Stahl, Die Philosophie des Rechts, 6. unveränderte Auflage der Ausgabe von 1878, 1963.

[35] So Hamel, Deutsches Staatsrecht II, S. 44.

[36] Rechtsphilosophie II 2—4, S. 59.

[37] Rechtsphilosophie II 2—4, S. 61.

Verantwortung und Fürsorge für die sozial schwachen Arbeitnehmer zu übernehmen, was die Gewährleistung einer „unverkümmerten Existenz", die Versorgung der Witwen, Kranken und Unterbeschäftigten und die Sicherung der „Anschaffung der Bedürfnisse" bedeuten müsse[38].

e) Carl Rodbertus

Neben *Hegel, Stein, Stahl* und *Mohl* ist Carl *Rodbertus-Jagetzow* (1805—1875) als staatswissenschaftlich-sozialistischer Theoretiker zu nennen. Bereits in seiner 1837 erschienenen Schrift „Was wollen die arbeitenden Klassen?"[39] versuchte er, der sich selbst einmal als Sozialkonservativen „cum grano salis" bezeichnete[40], Lösungen für die soziale Frage aufzuzeigen.

Rodbertus hielt eine Abhilfe durch verstärkte Besitzverschaffung an die „arbeitenden Klassen" mittels Lohnerhöhungen, Rentenbildung und einen durch Arbeitsdauer und Arbeitsleistung bestimmten Normalarbeitstag für möglich und nötig. Die Durchführung eines derartigen Programms glaubte er „nicht lokal oder kommunal oder auch nur gewerkweise, wie die Sozialdemokraten glauben, sondern nur aus der einheitlichen Macht des Staates durch die Monarchie" erreichen zu können[41]. Was seinen Staatssozialismus vom Sozialismus der extremen Linken trennte, war, daß er — ähnlich wie Lorenz *von Stein*[42] — die Beseitigung der sozialen Mißstände nicht durch eine Revolution, also von unten, sondern nur durch den staatlichen Eingriff von oben erwartete[43]. Kurt *Schumacher* konstatiert denn auch etwas zynisch, daß sein (Rodbertus') Zukunftsstaat nicht sozialistisch, „weder im Guten noch im Bösen, sondern ein zwischen der egoistischen Gesellschaft der Gegenwart und der kollektivistischen Zukunftsgesellschaft konstruierter Kompromiß"[44] sei.

Insoweit waren Rodbertus Gedanken zukunftsweisend, insbesondere im Hinblick auf die „Erste Kaiserliche Botschaft zur sozialen Frage" vom 17. November 1881[45], die der Versicherungsgesetzgebung des Reiches in

---

[38] Rechtsphilosophie II 2—4, S. 73; dazu Hamel, S. 46 f., der die Forderungen Stahls — allerdings ohne einen Nachweis dafür zu erbringen — als „wegweisend für die preußisch-deutsche Politik vom preußischen Fabrikgesetz des Jahres 1853 an bis zu den Arbeiterschutzgesetzen des Reiches und den ersten Sozialversicherungsgesetzen der Welt" ansieht.

[39] In „Deutscher Staat und Sozialismus", 1935, S. 13 ff.

[40] Vogel, S. 88 und dort Anm. 2; anders Schumacher, S. 40, der ihn als „deutschen Sozialisten" bezeichnet.

[41] So Rodbertus in einer Stellungnahme vom 22.3.1872 zu Wageners „Sozialkonservativem Programmentwurf"; nach Vogel, S. 88 und dort Anm. 4.

[42] Siehe oben Abschnitt II.1.b).

[43] Huber, Verfassungsgeschichte II, S. 419 und dort Anm. 4a; Vogel, S. 88, Schraepler, Bd. I, S. 30.

[44] Schumacher, S. 41.

[45] RTSten.Ber. 1881/82 Bd. I, S. 1 ff.

den achtziger Jahren des letzten Jahrhunderts die entscheidende Wende geben sollte[46], wenn er bereits 1872 in seinen Aufzeichnungen niederlegte: „Der Kaiser selbst muß das gewaltige Wort sprechen, ... denn nur wenn das Wort des Kaisers in der sozialen Frage eingesetzt ist, so ist das nichts geringeres als ein zweites jacta est alea ...“[47].

f) Die Kathedersozialisten

Neben dieser als sozial-konservativ einzustufenden Richtung — als deren große Exponenten noch Victor Aime *Huber*, der Wegbereiter des Genossenschaftsgedankens in Deutschland, Hermann *Roesler* und Rudolf *Meyer* genannt werden müssen[48] — gab es eine sozial-liberale Richtung. In ihr wirkten vor allem Nationalökonomen, die angesichts der sozialen Mißstände die Notwendigkeit zumindest indirekter Interventionen durch den Staat zugeben mußten und sich damit in Gegensatz zur bis dahin gültigen durch Adam *Smith* begründeten Freihandelslehre in der Wirtschaftswissenschaft setzten.

In Weiterführung der in der älteren Freihandelslehre angewendeten deduktiven Methode führten diese *Kathedersozialisten*[49] genannten Wissenschaftler die induktive Methode — die Ableitung von Forderungen für richtiges wirtschaftliches Verhalten aus dem Verlauf der tatsächlichen Wirtschaftsentwicklung — in die Wirtschaftswissenschaften ein[50]. Ein Forum fanden die Kathedersozialisten — zu deren wichtigsten Exponenten Lujo *Brentano* (1844—1931), Gustav *Schmoller* (1838—1917), Gustav *Schönberg* (1839—1908) und Adolph *Wagner* (1838—1917) gehörten[51] — in dem 1873 konstituierten „Verein für Sozialpolitik“, der mit seinem Wirken auch Einfluß auf die staatliche Rechtspolitik der späteren Zeit ausübte[52].

Ihrem Kredo für eine liberale Staats- und Wirtschaftsordnung entsprechend sollte auch der entstandene Sozialkonflikt liberal, also ohne

---

[46] Siehe unten Zweiter Teil, Abschnitt II.3.

[47] Nach Vogel, S. 90 f. und dem dort in Anm. 2 angegebenen Schrifttum.

[48] Schraepler, Bd. II, S. 5 ff.; Vogel, S. 84 f.

[49] Der um 1870 wohl führende Vertreter der Freihandelsschule und Gegner eines Versicherungsgesetzes H. B. Oppenheim schrieb einen am 17.12.1871 in der „Nationalzeitung“ veröffentlichten Artikel mit dem Titel „Manchestertum und Kathedersozialismus“, worin diese als Schimpfname gedachte Bezeichnung zum erstenmal auftaucht; seine Kritik an einem Zwangsversicherungssystem hat Oppenheim u.a. in seinem Aufsatz „Die Hülfs- und Versicherungskasse der arbeitenden Klassen“, 1875, begründet; Simon, S. 30; Töpfer, S. 7 m.w.N.

[50] Töpfer, S. 5.

[51] Töpfer, S. 7 und das dort in Anm. 1 angegebene Schrifttum.

[52] Dazu ausführlich Töpfer, der in seiner Untersuchung dieser Frage jedoch zu dem Ergebnis kommt, daß ein Einfluß des Vereins für Sozialpolitik auf die Gesetzgebung selbst exakt nur in wenigen Fällen nachzuweisen sei; Stolleis, S. 33; anders noch Vogel, S. 80/81 m.w.N.

staatliche Zwänge, gelöst werden; eingreifen dürfte der zur Neutralität verpflichtete Staat, verkörpert durch Krone und Beamtenschaft, nur durch über den egoistischen Klasseninteressen stehende Gesetze[53]. Befürwortet wurden deshalb eine maßvolle aber konsequent durchgeführte Fabrikgesetzgebung bei unbeschränkter Freiheit des Arbeiters, das Koalitionsrecht der Arbeiter, die Einrichtung von Fabrikinspektoren und eines Bank- und Versicherungskontrollamtes und besondere Enqueten über die soziale Frage. Dem Staat wurde zugleich die Sorge für eine bessere Erziehung und Bildung und angemessene Arbeits- und Wohnbedingungen der Arbeiter zugewiesen[54].

Brentano schlug für die soziale Absicherung der Arbeiterschaft ein System von freien, nationalen, fachgewerblich und lokal gegliederten Kassen vor, wobei die Versicherung gegen Alter, Invalidität und Tod von den bestehenden Versicherungsgesellschaften, die Versicherung gegen Krankheit und Arbeitslosigkeit — bedingt durch die unterschiedliche Gefährlichkeit der einzelnen Gewerbezweige — dagegen von einer allgemeinen Gewerkkrankenkasse übernommen werden sollte. Die Beiträge sollten außer bei der Unfallversicherung von den Arbeitern selbst aufgebracht werden, da jeder Arbeitgeberzuschuß doch nur eine verdeckte Lohnzahlung darstelle. Abgelehnt wurde von Brentano zugleich jeder Beitrittszwang, der nur zu einem System der „Staatsarmenpflege" führe, so die Eigenart des einzelnen unterdrücke und damit einen allgemeinen Rückgang infolge fehlender sittlicher und geistiger Freiheit unvermeidlich mache[55].

g) Ferdinand Lassalle, Karl Marx, Friedrich Engels

Entscheidend für alle genannten Sozialreformer oder sozialreformerischen Richtungen war, daß sie die Lösung der sozialen Frage auf dem Boden der bestehenden Rechtsordnung, also unter Beibehaltung der konstitutionellen Monarchie bzw. — wenn man einmal von der Auffassung Lorenz *von Steins* absieht[56] — gerade durch die Monarchie suchten. Alle sozialreformerischen Strömungen blieben damit ein „Teil der bürgerlich-idealistischen Staatswissenschaft"[57].

---

[53] Schmoller in der Eröffnungsrede vor der ersten Eisenacher Versammlung vom 6./7. Oktober 1872, aus der dann ein Jahr später der „Verein für Sozialpolitik" hervorging, Vfs 0/1 ff. Eine Zusammenfassung der Gedanken Schmollers findet sich auch in seinem 1874 veröffentlichten Aufsatz „Die soziale Frage und der preußische Staat", Preußische Jahrbücher, Bd. 33, S. 323 ff.; auszugsweise abgedruckt auch bei Schraepler, Bd. II, S. 62 ff.

[54] Töpfer, S. 9.

[55] Dazu auch Vogel, S. 68 ff.

[56] Siehe oben Abschnitt II.1.b).

[57] So Huber, Verfassungsgeschichte II, S. 419.

Dagegen stand die These der Sozialisten — als deren geistiger Führer Ferdinand *Lassalle* (1825—1864) bezeichnet werden kann — und Kommunisten — deren Programmatik auf den Schriften von Karl *Marx* (1818 bis 1883) und Friedrich *Engels* (1820—1895), insbesondere auf ihrem „kommunistischen Manifest“ von 1848[58], aufbaute und noch heute aufbaut —, daß unter der Herrschaft der Bourgeoisie und damit des Kapitalismus die gesellschaftlichen Verhältnisse nicht grundlegend zu verbessern seien. Ihre Forderung ging deshalb dahin, den „bürgerlichen Rechtsstaat“ und mit ihm seine kapitalistische Gesellschaftsordnung insgesamt abzuschaffen, was durch einen gewaltsamen Umsturz — die proletarische Revolution des „vierten Standes“[59] — erreicht werden sollte.

Mit Hohn geißelte *Lassalle* — wie Stein und Marx Schüler Hegels — das Staatsideal — den „sittlichen Staatszweck“ — des Bürgertums, dem Bürger das gesicherte, unbehinderte Recht der freien Betätigung aller Kräfte zu garantieren und sein Eigentum zu schützen, als „Nachtwächteridee“, da sie dem Staat nur die Nachtwächterfunktionen der Verhütung von Raub und Diebstahl überlasse und ihn deshalb mit dem Fehlen von Räubern und Dieben auch überflüssig mache[60].

Einigkeit bestand bei Marx und Engels und zunächst auch bei Lassalle, daß das Endziel der revolutionären Bewegung in der staats- und klassenlosen Gesellschaft in der ganzen Welt[61] im Sinne einer „zwangsfreien Organisationsform“ liegen müsse[62]. Abweichungen gab es in der Lehre vom Übergangsstadium: Nach Lassalle vollzieht sich die soziale Revolution innerhalb einer Nation und der Weg zur Weltgemeinschaft führt über die Kulturnation und die Menschheitsnation; Marx erkennt dagegen die nationalen Unterschiede nicht als ursprünglich an, das Proletariat kämpft gemeinsam, ohne Rücksicht auf eine nationale Zugehörigkeit, gegen die Bourgeoisie[63]. Nach Marx wird die arbeitende Klasse dabei im Lauf der Entwicklung an die Stelle der alten bürgerlichen Gesellschaft eine Assoziation setzen, welche die Klassen und ihren Gegensatz ausschließe und es wird dann keine politische Gewalt mehr geben, weil gerade die politische Gewalt der offizielle Ausdruck des Klassengegen-

[58] Das „Manifest der kommunistischen Partei“ wurde verfaßt in der Zeit vom Dezember 1847 bis Januar 1848. Gedruckt wurde es zum erstenmal im Februar 1848 in London; Schraepler, Bd. I, S. 99 Anm. 52; v. Unruh, Grundkurs, S. 208 f.

[59] Lassalle, Arbeiterprogramm, Reden und Schriften, S. 134 ff.; dazu auch Schumacher, S. 36; Töpfer, S. 5.

[60] Lassalle, Arbeiterprogramm, Reden und Schriften, S. 141; dazu auch Schumacher, S. 38; Ramm, S. 33.

[61] Ramm, S. 180.

[62] Schumacher, S. 34; Huber, Verfassungsgeschichte II, S. 432 f.; Ramm, S. 184; ausführlich auch Adler, S. 281 ff.

[63] Ramm, S. 181 m.w.N.; zur sozialistischen Staatsbetrachtung auch v. Unruh, Grundkurs, S. 208 f.

satzes sei[64]. Nach Lassalle ist Zweck des Staates, „das menschliche Wesen zur positiven Entfaltung und fortschreitender Entwicklung zu bringen, mit anderen Worten, die menschliche Bestimmung — d.h. die Kultur, deren das Menschengeschlecht fähig ist — zum wirklichen Dasein zu gestalten; er ist die Erziehung und Entwicklung des Menschengeschlechts zur Freiheit"[65]. Dadurch werde der zukünftige Staat notwendig einen bisher nicht gekannten „Aufschwung des Geistes, die Entwicklung einer Summe von Glück, Bildung, Wohlsein und Freiheit herbeiführen"[66]. Den allem zugrundeliegenden politisch-sozialen Gedanken hat Lassalle dabei in seinem 1861 erstmals veröffentlichten Werk „Die Theorie der erworbenen Rechte und der Collision der Gesetze"[67] dargestellt, wonach der Streit über den Begriff des „erworbenen Rechts" „die tief inwendigste Grundlage der politisch-sozialen Kämpfe des Jahrhunderts bildet!"[68].

Die besondere Bedeutung Lassalles für die Fragestellung dieser Untersuchung liegt allerdings in seinem persönlichen Kontakt zu dem 1862 zum preußischen Ministerpräsidenten berufenen *Bismarck*[69], der später zum entscheidenden „Motor" für die Einführung der Arbeiterversicherung in Deutschland werden sollte[70]. Wie weit Lassalle, der in den Jahren 1863/64 insgesamt fünfmal persönlich und unter vier Augen zu zunächst geheimgehaltenen Gesprächen[71] mit *Bismarck* zusammengetroffen ist, Einfluß auf die sozialpolitischen Vorstellungen des damaligen Ministerpräsidenten und späteren Reichskanzlers genommen hat, läßt sich nicht belegen, denn Bismarcks eigene Aufzeichnungen geben hierüber keinerlei Aufschluß[72]. Sicher ist, daß sich die Gespräche neben der Frage des allgemeinen, freien und gleichen Wahlrechts um Probleme wie Produktionsgenossenschaften der Arbeiter mit Staatskredit und ein „soziales Königtum" gedreht haben müssen[73]. Hier nähert sich Lassalle stark Stein, wenn er praktisch fordert, daß sich die Krone „aus einem Königtum der

---

[64] Marx, Das Elend der Philosophie, S. 182; dazu auch Schumacher, S. 34.

[65] Lassalle, Arbeiterprogramm, Reden und Schriften, S. 142.

[66] Lassalle, Arbeiterprogramme, Reden und Schriften, S. 143; das Entscheidende an der Revolution von 1848 war nach Lassalle, daß die Zukunft „keinen Staat mehr erträgt, welcher gleichviel ob in monarchischer oder republikanischer Form, das herrschende politische Gepräge des dritten Standes der Gesellschaft aufdrücken oder in ihr erhalten will", Reden und Schriften, S. 145.

[67] Gesammelte Reden und Schriften, Bd. IX und XII.

[68] Gesammelte Reden und Schriften, Bd. IX, Vorrede, S. 29 ff.

[69] Siehe dazu den Briefwechsel zwischen Bismarck und Lassalle, abgedruckt bei Mayer, S. 59 ff.; Ausschnitte finden sich auch in v. Uexkülls Lassalle-Biographie, S. 98 f.

[70] Siehe dazu insbesondere unten den Zweiten Teil, Abschnitt I und II.

[71] Bekannt wurde dies durch Bismacks Reichstagsrede vom 17. September 1878 anläßlich der Debatte über das „Sozialistengesetz", RTSten.Ber. 1878, Bd. 1, S. 67 f.

[72] v. Uexküll, S. 98.

[73] v. Uexküll, S. 99; dazu auch Mayer, S. 24.

bevorrechtigten Stände in ein soziales und revolutionäres Volkskönigtum" für den „vierten Stand" umwandeln müsse[74].

Insgesamt kann nach den vorliegenden Dokumenten und Quellen festgehalten werden, daß der „späte" Lassalle durchaus seinen Weg zum deutschen nationalen Staat[75] und damit weg von den marxschen Ideen gefunden hat, was ihm nach seinem Tod von Marx und insbesondere von Engels dann auch als „Verrat der Arbeiterbewegung an die Preußen" angelastet worden ist[76].

2. Ausländische Regelungen

Wie in Deutschland verschlechterte sich auch in anderen westeuropäischen Staaten — hier vor allem *England*, *Frankreich* und *Belgien*[1] — und in den *USA*[2] mit fortschreitender Entwicklung der Industrialisierung die soziale Lage der Arbeiterschaft.

a) England

In England, wo der Prozeß der Industrialisierung zuerst begonnen hatte[3], gab es auch die ersten gesetzlichen Regelungen für ein System von Versicherungsvereinen und Hilfskassen, die durch die „Friendly Societies" getragen wurden[4]. Mitglieder in diesen Vereinigungen waren Arbeiter aber auch andere Arbeitnehmer des unteren Mittelstandes. Daneben stand die Gruppe der Arbeiterorden mit ihren Hilfskassen, aus denen später eigene Versicherungsvereine wurden[5] und die „Trade Unions", die Gewerkschaften, die neben ihrer Hauptaufgabe, für ihre

---

74 Lassalle in einem Brief an Bismarck am 8. Juni 1863, in dem er diesem das Statut des Allg. Deutsch. Arbeitervereins übersandte; abgedruckt bei Mayer, S. 59 ff., 60; Ausschnitte auch bei v. Uexküll, S. 104.

75 „Er (Lassalle) hatte eine sehr ausgeprägte nationale und monarchische Gesinnung, seine Idee, der er zustrebte, war das deutsche Kaiserthum und darin hatten wir einen Berührungspunkt", so Bismarck in der Reichstagsrede vom 17. September 1878, RTSten.Ber. 1878, Bd. 1, S. 68; dazu auch Bayer, S. 23.

76 Zitat nach Mayer, S. 57; zu dieser Frage insgesamt daselbst, S. 56 ff.

1 Eine ausführliche Darstellung der Rechtsentwicklung auf sozialpolitischem Gebiet auch in weiteren europäischen Ländern gibt Joanitescu, S. 38 ff. m.w.N.

2 Wolffgramm, S. 9.

3 Stier-Somlo, Sozialgesetzgebung, S. 13 m.w.N.

4 Bereits im Jahre 1601 wurde durch den Act 43 Eliz. c. 2 das bereits aus dem 16. Jahrhundert stammende Armenrecht kodifiziert, das bis 1834 Gültigkeit behielt und eine staatliche Armenpflege an die Stelle der alten kirchlichen setzte; dazu ausführlich Brentano, Arbeiterversicherung, S. 51 ff.; das erste Gesetz zur Förderung der „Friendly Sociaties" stammt bereits vom 21. Juni 1793 unter der Regierung George III.; Joanitescu, S. 39; Hirsch, S. 2; Schirbel, S. 382 f. m.w.N.; Vogel, S. 13 m.w.N.; ein Kinderschutzgesetz gab es in England seit der von Sir Robert Peel betriebenen Fabrikgesetze „The Moral and Health Act" von 1802; Stier-Somlo, Sozialgesetzgebung, S. 13.

5 Schirbel, S. 386 f.

Mitglieder die Freiheit des Arbeitsvertrages, angemessene Arbeitszeit und Entlohnung und ausreichenden betrieblichen Schutz durchzusetzen, auch Unterstützungen bei Arbeitslosigkeit, Krankheit oder Invalidität und Sterbe- und Notfällen gewährten[6].

All dies geschah auf freiwilliger Basis, der Gedanke eines Versicherungszwanges wurde abgelehnt, dem Staat nur die Aufgabe der öffentlichen Armenpflege zugewiesen[7]. Dieses Prinzip der freien Kassen blieb bis zur deutschen Versicherungsgesetzgebung beherrschend; Versuche *Gladstones* im Jahre 1864, in einer Zeit der Krise für die „Friendly Societies" eine staatliche Lebens- und Rentenversicherungsanstalt auf der Basis der bestehenden Postsparkassen zu initiieren, scheiterten praktisch an der Nichtannahme durch die breite Masse[8]. Auf dem Gebiet des Arbeitsunfallrechts verabschiedete England im Jahre 1880 das erste Gesetz über die Haftpflicht der Unternehmer[9], bis dahin mußte der Arbeitnehmer auch dort in einer normalen Zivilklage seinen Unfallschaden nach dem „Law of torts" gegen den Unternehmer einklagen[10]. Ein erstes Arbeitsunfallgesetz gab es erst im Jahre 1897[11].

b) Die Vereinigten Staaten von Amerika

Die englischen Regelungen auf diesem Gebiet wurden im wesentlichen von den USA — jedoch erst zu Beginn dieses Jahrhunderts — übernommen, wenn es in verschiedenen amerikanischen Bundesstaaten auch Ähnlichkeiten mit deutschen Regelungen gab[12]. Daneben gab es in den USA ein aus der Kolonialzeit herrührendes, auf dem englischen „Elizabethan Poor Law" von 1601 basierendes Armenrechtssystem, das den örtlichen Kirchengemeinden nach den Familien eine subsidiäre Verantwortung für die Armenpflege auferlegte[13].

c) Frankreich und Belgien

In Frankreich gab es seit dem Mittelalter ein aus den juvandes — den Zünften der Handwerker — hervorgegangenes System von Compagnon-

[6] Joanitescu, S. 43 f. m.w.N.

[7] Vogel, S. 13 f. m.w.N.; bereits 1819, 1829 und 1846 war versucht worden, sich zeigende Mängel im System der freien Hilfskassen durch Verschärfung der Statuten zu beseitigen, befriedigend gelang dies erst durch ein Gesetz vom 11. August 1875; Schirbel, S. 384 ff.

[8] Vogel, S. 14 f. m.w.N.

[9] „English Employer's Liability Act" von 1880.

[10] Dazu ausführlich Wolffgramm, S. 9 ff.

[11] Wolffgramm, S. 21.

[12] Wolffgramm, S. 26, der ausführlich die Einflüsse insbesondere der englischen aber auch der deutschen Gesetzgebung auf das System des Arbeitsunfallrechts in den USA darstellt; dazu auch Doberschütz, S. 26.

[13] Doberschütz, S. 25 f. m.w.N.

ages, die ihre Mitglieder bei Krankheit, Tod, Arbeitslosigkeit und Invalidität unterstützten und ein geordnetes Herbergswesen unterhielten[14]. Die Revolution von 1789 beseitigte mit dem ancien régime auch die alten Zünfte, die gewerbliche Ordnung und unterdrückte per Gesetz vom 14./27. Juni 1791 alle beruflichen Vereine und verbot aus Furcht vor der Aufrechterhaltung des Bestehenden gleichzeitig jede Koalition von Arbeitnehmern oder Arbeitgebern[15]. Für den Wegfall des alten Unterstützungswesens versprach die neue Republik den Arbeitern die Errichtung eines sozialen Hilfswerks mit staatlicher Unterstützung — es blieb bei dem Versprechen.

Zunächst noch unter Umgehung des Koalitionsverbotes, später aus Einsicht in die Notwendigkeit geduldet und auch gefördert[16], bildeten sich jedoch bald wieder gewerbliche Vereine, die sich als Hilfsgenossenschaften gegen die soziale Bedrängnis bei Krankheit, Tod, Alter und Arbeitslosigkeit konstituierten. Durch die Juli-Revolution und unter dem „Bürgerkönig" *Louis Philippe* kam es durch ein Gesetz vom 10. April 1834 vorübergehend zu einem gewissen Rückschritt in der Entwicklung, die Entfaltung des Hilfskassenwesens wurde dadurch jedoch insgesamt nicht aufgehalten.

Seit etwa 1844 tauchte dann der Gedanke einer allgemeinen Altersrentenkasse für ganz Frankreich auf, der neben anderen Formen der staatlichen Hilfe von *Napoleon III.* 1849 aufgegriffen wurde[17], indem er neben der Einführung einer obligatorischen Altersversicherung für Arbeiter in öffentlichen Betrieben Dotationen an die durch gesetzliche Regelung weiter gestärkten[18] Arbeiterhilfskassen gab. Gleichzeitig versuchte

---

[14] Schirbel, S. 365 f.

[15] Schirbel, S. 365; Vogel, S. 16 — Das Koalitionsverbot wurde 1803 noch gesetzlich verschärft, der Code Pénam vom 12.2.1810 drohte für den Fall seiner Nichtbeachtung sogar Gefängnisstrafen an.

[16] Gesetz vom 16./26. Februar 1810; Schirbel, S. 368; Vogel, S. 16.

[17] Bereits während seiner Haftzeit hatte Napoleon III. 1844 in seiner Abhandlung „Extinction du Paupérisme" folgende programmatische Sätze formuliert: „Die Industrie ist eine Maschine, die ihre Funktion ohne Regulator verrichtet: in ihrem Räderwerk Menschen, als wären sie Stoffe, zermalmend, entvölkert sie das Land, häuft das Volk in Räumen ohne Luft und Licht zusammen, schwächt Geist wie Körper und wirft die Menschen zuletzt, wenn sie nichts mehr mit ihnen anzufangen weiß, auf die Straße — dieselben Menschen, die der Industrie ihre Kraft, ihre Jugend und ihre Existenz geopfert haben. Die arbeitende Klasse besitzt nichts: man muß ihr zu Vermögen verhelfen; — Sie hat keinen anderen Schatz wie ihre Arme: man muß ihnen eine nutzbringende Beschäftigung verschaffen; — sie steht wie ein Volk von Heloten inmitten eines Volkes von Sybariten: man muß ihr einen Platz in der Gesellschaft anweisen und ihre Interessen mit dem Vaterland verknüpfen; — sie ist endlich ohne Organisation, ohne Band, ohne Rechte, ohne Zukunft: man muß ihr Rechte und eine Zukunft geben und sie in ihren eigenen Augen erheben durch Assoziation, Erziehung und Disziplin!"; abgedr. bei Erdmann, S. 2 m.w.N.; dazu auch Vogel, S. 16.

[18] Erdmann, S. 2 f.; Vogel, S. 17 — Im Rahmen des öffentlichen Baupro-

man, die Arbeitslosigkeit durch öffentliche Bauprogramme zu bekämpfen[19]; daneben wurde durch Gesetz eine staatlich verwaltete und garantierte Altersrentenkasse errichtet[20].

Die Beteiligung an allen Einrichtungen blieb — eine Ausnahme bildeten die Arbeiter der Staatswerkstätten — freiwillig und wegen der insgesamt wenig attraktiven Bedingungen gering, so daß man für die Zeit um 1880 feststellen kann, daß auch in Frankreich — wie in England und den USA — ein staatliches Versicherungssystem für die breite Masse der sozial Abhängigen, das für Deutschland als Vorbild hätte dienen können, nicht bestand[21]. Das gleiche gilt für Belgien, das ein dem französischen ähnliches Hilfskassenwesen eingerichtet hatte[22].

III. Resümee

Um das Jahr 1880 bestand in Deutschland eine Vielzahl von Einzelregelungen auf dem Gebiet der sozialen Für- und Vorsorge, die sich sowohl in ihrem örtlichen Geltungsbereich — für das ganze Reich, einzelne Länder oder deren Teile, bestimmte Gemeinden oder noch engere örtliche Gemeinschaften, etwa Innungen — als auch hinsichtlich des geschützten Personenkreises — durchweg aus der Arbeiterschaft nur einzelne Gruppen, Arbeiter aus bestimmten Gewerbezweigen, Fabrikarbeiter in der Masse nicht — teilweise erheblich unterschieden[1]. Mit der durch die bis 1871 fehlende nationale Einheit bedingten Rechtszersplitterung einher ging eine insgesamt als ungenügend zu bezeichnende soziale Fürsorge für den größten Teil der Bevölkerung — es bestand „ein großes Vakuum sozialer Gerechtigkeit“[2] —.

Soweit Regelungen bestanden, waren sie, wie die Armenfürsorge und das Haftpflichtrecht[3], mangelhaft oder wurden, wie das Krankenkassenwesen, von den örtlich zuständigen Gebietskörperschaften nicht ausreichend gefördert[4]. Das Hilfskassenwesen, das bis 1876 einen relativen

---

gramms wurden alte Stadtteile in Paris, Lyon, Marseille und Bordeaux niedergerissen und neu aufgebaut, wobei die großen Boulevards angelegt wurden.

[19] Gesetz vom 15. Juli 1850 und Dekret Napoleons III. vom 26. März 1852 durch die „Sociétés Approuvées“ (genehmigte Hilfsvereine) geschaffen wurden.

[20] „Caisse de retraite pour la vieillesse“ vom 18. Juni 1850, seit 1. Januar 1887 „Caisse nationale de retraite pour la vieillesse“.

[21] Für die gesamte Entwicklung der Sozialversicherung im Ausland bis 1895, Bödiker, Arbeiterversicherung, S. 39 ff.; dazu auch Schirbel, S. 379; Vogel, S. 18.

[22] In Belgien gab es eine ebenfalls 1850 gegründete Allgemeine Altersversorgungsanstalt „Caisse générale de retraite“; Vogel, S. 18 und dort Anm. 3.

[1] Stier-Somlo, Sozialgesetzgebung, S. 60 f.

[2] So ein Zitat von Carl Jantke, abgedr. bei Syrup/Neulch, S. 56.

[3] Siehe oben Abschnitt I.4.c).

[4] Siehe oben Abschnitt I.4.c).

Aufschwung genommen hatte[5], der unter dem Eindruck des „Sozialistengesetzes“ vom 21. Oktober 1878 dann vorläufig endete[6], hat absolut gesehen keinen wirklichen Erfolg bei den Arbeitern gehabt[7]. Obligatorischen sozialen Schutz im Alter und bei Invalidität sowie Unterstützung für Witwen und Waisen gewährten lediglich die Knappschaftskassen der Bergleute; auf diesem Gebiet kann das preußische Berggesetz von 1865, das Vorbild für ähnliche Regelungen in anderen Ländern geworden ist, als in die „richtige“ Richtung zeigend bezeichnet werden[8].

Dennoch war insgesamt abzusehen, daß es „der Sozialstaat vorgrundgesetzliche Provenienz (war), der die Antwort auf die soziale Frage der industriellen Revolution zu geben hatte“[9] und daß letztlich nur ein umfassendes System des öffentlichen sozialen Rechts eine befriedigende Lösung für das sich der Gemeinschaft stellende Problem bereithielt, nämlich den wirtschaftlich Schwächeren zu schützen, ihm seinen Lebenserwerb zu ermöglichen und bei dessen Unterbrechung durch Krankheit, Unfall, Invalidität, Alter und Tod ein ausreichendes Einkommen im Sinne eines Rechtsanspruches zu gewähren[10].

Faßt man die bis etwa 1880 reichende und oben aufgezeigte Rechtsentwicklung in der sozialen Frage zusammen, erscheint die These *Fechners* von der „Verwirklichung des sozialen Gedankens über den Staat bereits im ersten Drittel des 19. Jahrhunderts“[11] als unhaltbar, bestenfalls kann von der rechtsphilosophischen „Konzeption eines sozialen Staates“[12] — und auch hier nur durch eine kleine und noch dazu sehr heterogene Gruppe von Wissenschaftlern (Hegel, Stein, Mohl, Stahl usw.) und keinesfalls als allgemeine Überzeugung — in verschiedenen Spielarten gesprochen werden.

---

[5] Siehe oben Abschnitt I.4.c) am Ende.

[6] RGBl S. 531; dazu auch Stier-Somlo, S. 61; Peters, S. 46 m.w.N.

[7] Siehe oben Abschnitt I.4.c) und dort Anm. 56).

[8] Siehe oben Abschnitt I.4.c); dazu auch Stier-Samlo, Sozialgesetzgebung, S. 61; Wannagat, S. 55; wenn man von Regelungen zur Krankenfürsorge im süddeutschen Raum absieht, die durch das Bayerische Gesetz, die öffentliche Armen- und Krankenpflege betreffend, vom 29. April 1869 und ähnliche Regelungen in Baden-Württemberg getroffen wurden; dazu eingehend Rosin, S. 13 ff.

[9] So Stern, Staatsrecht I, S. 692.

[10] So auch Stier-Somlo, Sozialgesetzgebung, S. 62; Syrup/Neulch, S. 56 f.

[11] Fechner, Freiheit und Zwang, S. 73, allerdings ohne weitere Begründung.

[12] So m.E. zu Recht v. Unruh, Grundkurs, S. 208 m.w.N., der allerdings sogar von „sozialem Rechtsstaat“ spricht; auf die Frage, ob nicht schon ein Teil der Kameralisten des 18. Jahrhunderts — insbesondere Defoe und Leibniz — als ideelle Vorläufer der Sozialversicherung anzusehen sind, wie Ponfick, S. 80 und passim, meint, ist im Rahmen der Arbeit bewußt nicht eingegangen worden, da Ponfick selbst einen praktischen Einfluß auf die Entwicklung der Sozialversicherung von dorther nicht feststellen kann; a.A. Wannagat, S. 19, unter Hinweis auf Defoes „Essay on projekts“ (1767), worin dieser bereits eine staatliche Pflichtversicherung gegen Invalidität konzipiert.

Zweiter Teil

Bismarcks Sozialgesetzgebung

I. Motivation der Gesetzgebung

Unter dem Druck sich verschärfender sozialer Gegensätze[1] und nicht zuletzt unter dem Eindruck des Pariser Kommuneaufstandes vom März 1871[2], der die ganze Macht und Gefährlichkeit einer proletarischen kommunistischen Massenerhebung nicht nur für Frankreich offenbarte[3], stellte sich für das Deutsche Kaiserreich die Aufgabe, nach der Lösung der nationalen Frage auch die der sozialen Fragen anzugehen[4], dem Reich „vom Staat her den sozialen Frieden zu geben"[5].

Die oberste Reichsverwaltung unter der Führung ihres Kanzlers *Bismarck* hat denn auch unverzüglich mit der Entwicklung konkreter Lösungsmöglichkeiten begonnen. Dabei bedurfte es nicht einmal eines generellen Umdenkens. Bismarck — seit 1862 bereits preußischer Ministerpräsident — war schon vorher für die Belange der Arbeiterklasse in Preußen eingetreten[6], eine Haltung, die nicht zuletzt durch das traditionell Minderheiten schützende Verhalten des preußischen Herrscherhauses begünstigt wurde[7].

---

[1] Deutschland wurde wie andere Industrieländer von den großen internationalen Wirtschaftskrisen, insbesondere der von 1857, ergriffen, als nach einem boomartigen Ausbau der Schwerindustrie, des Verkehrs- und des Bankwesens im Gründungsoptimismus die Überspekulation zusammenbrach. Die Folge war ein Heer von Arbeitslosen in den kritischen Jahren 1857—1860 und noch einmal in den Jahren 1873—1880; dazu Lütge, S. 502; Schmoller, Soziale Frage, S. 427 f.; Schraepler II, S. 3.

[2] Schäfer, S. 77 f.; Schraepler II, S. 2; Vogel, S. 19.

[3] Vogel, S. 19.

[4] So C. Rodbertus-Jagetzow in einem Brief an R. Meyer; in R. Meyer: Briefe, S. 84; ähnlich auch Lagarde — zit. nach Rothfels, Prinzipienfragen, S. 6 —, der den Begriff von der bloß „negativen Einheit" der Deutschen prägte: „Nur der Schutz (sei) jetzt da, hinter dem eine Nation sich aufbauen möchte"; ähnlich auch Simon, S. 33.

[5] Simon, S. 33; ähnlich auch v. Berlepsch, S. 188 und passim, zur Motivation der sozialpolitischen Maßnahmen durch die „bürgerlichen Sozialreformer".

[6] Dazu ausführlich Kober, S. 127 ff., zum religiösen Hintergrund des bismarckschen Sozialengagements, S. 140 f.; ähnlich auch Rothfels, Prinzipienfragen, S. 7; Schäfer, S. 76; Simon, S. 6, 10 f.; Vogel, S. 132 f.

[7] Dazu eingehend Kober, S. 129; Simon, S. 7.

Diese einmal gewonnene Überzeugung, daß die arbeitenden Klassen einen berechtigten Anspruch auf Verbesserung ihrer wirtschaftlichen Existenzbedingungen erheben dürfen, wurde auch nicht durch die Erkenntnis von der staatsdestruktiven Tendenz — jedenfalls gegenüber dem bestehenden Staatswesen — der sozialistischen Arbeiterbewegung nach ihrem Bekenntnis zum Pariser Kommuneaufstand gebrochen[8]. Im Gegenteil trat Bismarck, um die Mitglieder des neuen „Vierten Standes" wieder in die Gesellschaft zu integrieren[9], dafür ein, „daß man realisiert, was in den sozialistischen Forderungen als berechtigt erscheint und in dem Rahmen der gegenwärtigen Staats- und Gesellschaftsordnung verwirklicht werden kann"[10]. Deshalb, so Bismarck in einem anderen Schreiben, habe die Regierung den berechtigten Wünschen der arbeitenden Klassen ... „durch die Gesetzgebung und Verwaltung entgegen (zu)kommen, soweit es mit dem allgemeinen Staatsinteresse verträglich" sei[11].

Daraus ergibt sich bereits der Charakter der gesamten Sozialpolitik Bismarcks in der folgenden Zeit[12]. Sie war ihrem Wesen nach in erster Linie nicht von einem fürsorgerischen Interesse bestimmt, sie war vielmehr „prinzipiell gedacht vom Staate" und zielte „auf das Wohl der staatlich geeinten Gemeinschaft"[13], sie war also „Staatspolitik"[14]. Dabei war „Staat" für Bismarck, wie *Kober* in seiner ausführlichen Studie dargestellt hat, immer sein „preußisches, später preußisch-deutsches Vaterland in seiner konkret-historischen Gestalt"[15]. Für Bismarck ist dies

---

[8] Insbesondere nach der Reichstagsrede des Abgeordneten August Bebel vom 24. April 1871, RTSten.Ber. 1871, Bd. I, S. 347 ff.; dazu auch Bismarck, Werke Bd. VI c, S. 7; Kober, S. 129.

[9] Dazu ausführlich Kober, S. 120 f. m.w.N.

[10] Schreiben Bismarcks an den preußischen Handelsminister v. Itzenplitz vom 17.11.1871, zit. nach Kober, S. 129 und dort Anm. 390; dazu auch Quandt, S. 9. Bereits in einem Schreiben vom 13.3.1863 an den damaligen preußischen Minister des Innern Graf Eulenburg hatte Bismarck vergeblich die Errichtung von Altersversorgungsanstalten vorgeschlagen; Simon, S. 66. Zum Verhältnis Bismarck—Lassalle siehe oben Erster Teil, Abschnitt II.1.g).

[11] So Bismarck in einem Schreiben an v. Itzenplitz vom 21.10.1871, zit. nach Kober, S. 129 und dort Anm. 390.

[12] Bismarck selbst hat sich nie in einem systematischen Zusammenhang, sondern immer nur in der politischen öffentlichen, aber auch privaten Auseinandersetzung zu dieser Frage geäußert. Interessanterweise fehlt in seinem Werk „Gedanken und Erinnerungen" jeglicher Hinweis auf die Arbeiterversicherung. Schäfer, S. 76 m.w.N., erklärt dies nicht mit einer Geringschätzung dieses Teilbereichs der Politik durch Bismarck, sondern mit der Nichtverwirklichung seiner ursprünglichen Absicht, das Werk auf 6 Bände zu erweitern; hierzu auch Vogel, S. 131.

[13] Rothfels, Prinzipienfragen, S. 8, der davon spricht, daß die Sozialpolitik „weder der Seele noch der Wohlfahrt des einzelnen noch einer Summe von einzelnen" gegolten habe; ähnlich auch v. Berlepsch, S. 188 ff.

[14] So auch Quandt, S. 24; Rothfels, Prinzipienfragen, S. 6 f.; Schäfer, S. 76; Vogel, S. 134; Wannagat, S. 74; Weddingen, S. 25 ff.

die konstitutionelle Monarchie in ihrer spezifischen preußischen Ausprägung[16], mit ihrem „Zusammenwirken des monarchischen Willens mit der Überzeugung des regierten Volkes“[17].

Sozialpolitik wurde also unter dem pragmatischen Gesichtspunkt der Erhaltung und Festigung dieses Staates betrieben. Dazu war erforderlich, daß die Gemeinschaft insgesamt den Staat bejahte. Soweit Teile der Gemeinschaft das aus begreiflichen Gründen nicht konnten, waren staatlich getragene Verbesserungen erforderlich, um sie in die Gemeinschaft zurückzuführen. Andererseits wurde Strömungen, die unter anderem auch die Lösung der sozialen Frage mit einer totalen Änderung der Staatsform zu erreichen suchten, mit gesetzlicher Repression — „Sozialistengesetz“ vom 22. Oktober 1878[18] — begegnet; repressives Sozialistengesetz und progressive Arbeiterversicherungsgesetzgebung sollten gleichermaßen dazu dienen, „eine dem Staat drohende Gefahr abzuwenden“[19].

II. Die Entstehung der Sozialgesetzgebung

1. Erste Bestrebungen für eine gesetzliche Regelung

Bereits 1869 hatte der saarländische Industrielle und Abgeordnete des Reichstages des Norddeutschen Bundes *Freiherr v. Stumm* durch einen Gesetzesantrag versucht, mit einer Änderung der Gewerbeordnung eine Ausdehnung der Bestimmungen über die Knappschaftsversicherungen von 1854 auf sämtliche gewerbliche und industrielle Arbeitnehmer zu erreichen[1]. Obwohl sein Antrag vom Reichstag abgelehnt wurde, ist er doch für die gesamte weitere Entwicklung von Bedeutung, denn es wurde dabei zum ersten Mal der Vorschlag für eine gesetzliche Regelung über

---

[15] Kober, S. 38, dem darin zuzustimmen ist, daß deshalb aus Bismarcks Gedankengut keine „allgemeine Staatslehre“ oder auch nur deren „Grundzüge“ abgeleitet werden können; in diesem Sinne auch Schäfer, S. 76 m.w.N.

[16] Zur Charakterisierung des Staatsverständnisses bei Bismarck eingehend Kober, S. 38 ff., insbesondere zum monarchischen Prinzip, S. 49 ff.

[17] So Bismarck in einer Ansprache an eine Abordnung der Universität Jena am 30.7.1892, Werke XIII, S. 469.

[18] Gesetz gegen die gemeingefährlichen Bestrebungen der Sozialdemokratie; RGBl S. 351 ff.

[19] Schäfer, S. 77 m.w.N.; dazu auch Vogel, S. 159 unter Hinweis auf eine Reichstagsrede Bismarcks vom 20. März 1884, RTSen.Ber. 1884, Bd. I, S. 165; so auch schon in der Thronrede bei der Reichstagseröffnung im Februar 1879, RTSen.Ber. 1879, Bd. I, S. 1 ff.; Rothfels, Prinzipienfragen, S. 15. Interessant ist dabei, daß dieser Gesichtspunkt bereits in ähnlicher Form im absolutistischen Staat der tragende Gesichtspunkt für die Armenpflege gewesen war — siehe oben Erster Teil, Abschnitt I.2.

[1] Drucksachen des Reichstages des Norddeutschen Bundes, 1. Legislaturperiode, Session 1869, Nr. 13; RT des Nordd. Bundes Sten.Ber. 1869, Bd. III, S. 461.

einen umfassenden Versicherungszwang aller gewerblichen und industriellen Arbeitnehmer im Parlament eingebracht[2].

Dieser wie auch die späteren Anträge Stumms[3] wurden ebenso abgelehnt wie Interpellationen und Anträge anderer Parteien und Gruppen, die etwa von 1877 an in zunehmendem Maße in die Parlamente und vor allem in den Reichstag getragen wurden. Unter diesen Anträgen und Interpellationen[4] ragt der Antrag des Zentrumsabgeordneten *Graf v. Galen* vom 19. März 1877 hervor[5], der die Verantwortung des Staates für die Abwehr der sozialen „Auswüchse der Gegenwart" und den Schutz des Individuums in seiner Gefährdung herausstellte[6] und die Reichsregierung aufforderte, ein Gesetz zur Abänderung der Gewerbeordnung vom 21. Juni 1869 vorzulegen, das neben der Sonntagsruhe, dem Beschäftigungsverbot für Jugendliche und dem Schutz der in Fabriken arbeitenden Frauen die Einrichtung gewerblicher Schiedsgerichte und eine Ausweitung des Haftpflichtgesetzes von 1871 beinhalten sollte. Der Antrag Galen wurde in den Kommissionsverhandlungen — bezeichnenderweise namens der Liberalen durch deren Vertreter *Graf Luxburg* — abgelehnt.

Die parlamentarischen Debatten hatten allerdings insofern weiterreichende Wirkung, als der Reichstag als Ergebnis seiner Verhandlungen eine Anfrage an den Reichskanzler stellte, ob „die Reichsregierung zur Beseitigung der Mißstände dem jetzt versammelten Reichstage Vorlagen über Änderungen der Gewerbeordnung vom 21.6.1869 ... zu un-

---

[2] Pense, S. 18; Quandt, S. 37 ff.; Stolleis, S. 32; ob dieser Antrag Stumms auch besonderen Einfluß auf Bismarcks sozialpolitische Initiativen der weiteren Zeit ausgeübt hat, wie Pense, S. 18, vermutet, läßt sich jedoch m.E. nicht erhärten. Entscheidend für die Gesetzgebung sollten jedoch die weiteren Anträge Stumms von 1878, RTSten.Ber. 1878, Bd. I, Aktenst. Nr. 9, S. 18, und von 1879, RTSten.Ber. 1879, Bd. IV, Aktenst. Nr. 16, S. 339, und Bd. VI, S. 1771 werden, siehe dazu unten in diesem Kapitel.

[3] Siehe dazu bereits die Nachweise in Anm. 2.

[4] Eine Übersicht allein für das Jahr 1877 findet sich in den Stenographischen Berichten des Reichstages 1877, Bd. II, S. 1124 f. Zu nennen ist eine Interpellation zur Gewerbeordnung der Freikonservativen-Partei vom 3.3.1877, RTSten.Ber. 1877, Bd. III, Aktenst. Nr. 20, S. 48, eine Resolution bezüglich des Lehrlingswesens und der Errichtung von Schiedsgerichten durch die Abgeordneten Rickert und Wehrenpfennig, RTSten.Ber. 1877, Bd. III, Aktenst. Nr. 77, S. 276 f. und vor allem ein Antrag der Sozialdemokraten vom 11.4.1877, RTSten.Ber. 1877, Bd. III, Aktenst. Nr. 92, .S 316 ff., der u.a. den Normalarbeitstag, ein Verbot der Frauen- und Jugendnachtarbeit und die Bildung von Gewerbegerichten forderte; alle Anträge wurden von der Parlamentsmehrheit abgelehnt.

[5] RTSten.Ber. 1877, Bd. III, Aktenst. Nr. 74, S. 274.

[6] So Galen in der Debatte vor dem Reichstag, Sten.Ber. 1877, Bd. I, S. 501 ff.; und in den Motiven zu seinem Antrag, Bd. III, S. 274. Eine — soweit ersichtlich erste ausführliche Behandlung erfuhr der Galen'sche Antrag, der die Sozialpolitik der Zentrumsfraktion einleitete, in der Windhorst-Biographie von E. Hüsgen, 1907, S. 320 f.

terbreiten" gedenke[7]. Aufgrund dieser Anfrage entstanden im Reichsamt des Innern unter dem Staatssekretär *Hofmann* drei Entwürfe für eine Änderung der Gewerbeordnung, die von den verbündeten Regierungen am 23. Februar 1878 dem Reichstag als „Entwurf eines Gesetzes, betreffend die Abänderung der Gewerbeordnung und Entwurf eines Gesetzes, betreffend die Gewerbegerichte" vorgelegt wurde und ihren Niederschlag in der Gewerbeordnungsnovelle vom 17. Juli 1878 fanden[8].

Zu den entscheidenden Wegbereitern der staatlichen Sozialgesetzgebung in der folgenden Zeit wurden jedoch der Kommerzienrat *Baare-Bochum* und Bismarcks Mitarbeiter Theodor *Lohmann*[9]. Baare, Generaldirektor des „Bochumer Vereins für Bergbau und Gußstahlfabrikation", der bereits im Jahre 1872 durch Wohlfahrtseinrichtungen für seine Arbeiter hervorgetreten war[10], hatte unter dem 30. April 1880 eine „Promemoria betreffend Versicherung der Arbeiter gegen Unfall und Beschädigung während der Arbeit beim Bergbau, bei der Industrie und sonstiger Gewerbetätigkeit sowie bei der Landwirtschaft"[11] vorgelegt, die „in nuce bereits die wichtigsten Elemente der späteren drei Regierungsentwürfe enthielt"[12]. Der eigentliche Wert der Baareschen Denkschrift, die auf Wunsch Bismarcks noch zu einem Gesetzentwurf ausgearbeitet und im November 1880 mit Motiven versehen an Bismarck übersandt wurde, ohne daß der Entwurf allerdings Gesetz wurde[13], lag jedoch in der Tatsache, daß sie in Bismarck den endgültigen Entschluß für die Durchsetzung einer Unfallgesetzgebung als erstem Glied einer umfassenden Arbeiterversicherung auslöste, da auf diesem Gebiet mit

---

[7] Zitiert nach Simon, S. 45.

[8] Gesetz, betr. die Abänderung der Gewerbeordnung, RGBl S. 199 ff. Das Gesetz stellte keinen sozialpolitischen Durchbruch dar, sondern brachte nur geringfügige Verbesserungen durch eine obligatorische Fabrikinspektion und das Verbot der Sonntagsarbeit für Jugendliche; daneben wurde der Bundesrat ermächtigt, die Nachtarbeit für Frauen und die Arbeit Jugendlicher in bestimmten Betrieben generell zu verbieten.

[9] Der spätere Unterstaatssekretär im Handelsministerium Theodor Lohmann war am 1.10.1871 als Hilfsarbeiter in das preußische Handelsministerium berufen worden und wurde dort zur treibenden Kraft für eine neue Fabrikgesetzgebung und ein Arbeitervereinsrecht; 1880 wechselte er in das Reichsamt des Innern, in dem er die sozialpolitischen Vorlagen erarbeitete; dazu ausführlich Quandt, S. 92; Simon, S. 35.

[10] Vogel, S. 39 und dort Anm. 4 m.w.N.

[11] Zit. nach Vogel, S. 40 und dort Anm. 1; Quandt, S. 12 und dort Anm. 13.

[12] So Vogel, S. 41; dazu auch Pense, S. 21 — die Grundsätze des Gutachtens waren die Einbeziehung aller gewerblichen Arbeitnehmer, eine Verteilung der Beitragslast zu je $1/3$ auf Arbeitgeber, Arbeitnehmer und Staat und die Gründung einer allgemeinen Versicherungsanstalt unter Aufsicht oder sogar Leitung und Garantie des Staates. Vor Baare hatte allerdings auch schon der sozialistische Abgeordnete August Bebel in einer Reichstagsrede am 26.2.1879 die Idee einer Reichsunfallkasse entwickelt, RTSten.Ber. 1879, Bd. I, S. 141 ff. (143), ohne damit auf Resonanz in Parlament oder Regierung zu stoßen.

[13] Quandt, S. 14.

dem Haftpflichtgesetz vom 7. Juni 1871 die greifbarsten Anhaltspunkte vorhanden waren und wo gleichzeitig „ohne auf allzu große Schwierigkeiten zu stoßen, einem besonders dringlichen Bedürfnisse“ abgeholfen werden konnte[14].

Zum entscheidenden Wegbereiter wurde allerdings der von Bismarck unter Verweisung auf Baares Denkschrift[15] mit dem ersten Regierungsentwurf für eine von ihm für vordringlich gehaltene Unfallversicherungsgesetzgebung beauftragte Theodor *Lohmann*[16], der im Oktober 1880 einen ersten „Entwurf betr. die Unfallversicherung der Arbeiter“ vorlegte. Dieser Entwurf, der am 30. November 1880 dem preußischen Staatsministerium, den Bundesregierungen und dem Volkswirtschaftsrat zur vertraulichen Kenntnisnahme zugeleitet wurde, stellte, nachdem er auch den Bundesrat passiert hatte, mit geringen Veränderungen die erste Gesetzesvorlage für die neu zu schaffende Unfallversicherung dar[17].

Dieser Gesetzentwurf war zugleich der Auftakt für die Schaffung eines umfassenden Systems öffentlich-rechtlicher Versicherungen liberaler Ausprägung — das in der Literatur auf heftigen Widerstand stieß — und damit für die diesem Prinzip folgende Sozialpolitik der gesamten Bismarckschen Zeit[18]. Einen ersten Ausdruck fand diese Programmatik in der durch den Vizekanzler *Graf zu Stollberg-Wernigerrode* auf der Eröffnungssitzung der vierten Session des Reichstags am 15. Februar 1881 verlesenen kaiserlichen Thronrede[19], in der von der „Heilung sozialer Schäden im Wege der Gesetzgebung“ und zwar „nicht ausschließlich im Wege der Repression sozialistischer Ausschreitungen, sondern gleichmäßig auf dem der positiven Förderung des Wohles der Arbeiter“ durch eine „Versicherung der Arbeiter gegen die Folgen von Unfällen“ die Rede ist[20].

---

[14] Immediatbericht vom 11. Januar 1880; Quandt, S. 12 und dort Anm. 14.

[15] Quandt, S. 13.

[16] Eine ausführliche Würdigung von Person und Werk Theodor Lohmanns gibt H. Rothfels, Theodor Lohmann und die Kampfjahre der staatlichen Sozialpolitik, 1927 — An anderer Stelle heißt es: „Lohmann ist der eigentliche Schöpfer unserer staatlichen Sozialpolitik, insofern, als die bedeutendsten Anstöße zu deren Verwirklichung und Ausbau von ihm ausgegangen sind“, Simon, S. 35 m.w.N.; Vogel, S. 92.

[17] Vorlage Bismarcks an den Reichstag vom 8. März 1881, RTSten.Ber. 1881, Bd. III, Aktenst. Nr. 41, S. 222 ff.

[18] Zu nennen sind hier etwa Hirsch, Staat und Versicherung, S. 2 ff.; unter Berufung auf A. Wagners „Subsidiaritätsformel“ (S. 4); Rellstab, S. 1 ff.! Kleeberg, S. 1 ff.; dazu allgemein Huber, Verfassungsgeschichte IV, S. 1196 f.

[19] RTSten.Ber. 1881, Bd. I, S. 1 ff., dazu Huber, Verfassungsgeschichte IV, S. 1197.

[20] RTSten.Ber. 1881, Bd. I, S. 1.

2. Der Erste Entwurf für ein Unfallversicherungsgesetz von 1881

Der erste „Entwurf eines Gesetzes betr. die Unfallversicherung der Arbeiter“ vom 8. März 1881[1] konstituierte in § 1 eine Versicherung für Arbeiter und niederbesoldete Betriebsbeamte gegen Unfälle in einer Reihe von aufgezählten, durch erhöhte Unfallgefahr charakterisierten Betrieben. Dabei sollte der Bundesrat berechtigt sein, auch das Baugewerbe in den Katalog der versicherungspflichtigen Betriebe einzubeziehen, andererseits aber auch Fabriken ohne Unfallgefahr im Einzelfalle auszuschließen. Damit ging einmal der Kreis der Versicherten weit über den des alten § 2 Haftpflichtgesetz vom 7. Juni 1871 hinaus[2], zum anderen war der Anspruch auf Schadensersatz nicht mehr an den Nachweis eines Verschuldens durch den Unternehmer oder einen von ihm Beauftragten geknüpft[3], sondern trat für alle Betriebsunfälle ein (§ 7), es sei denn, der Verletzte hatte sich die Verletzung vorsätzlich zugefügt oder von einem anderen zufügen lassen (§ 35)[4].

Das entscheidend Neue an dem Gesetzentwurf war, daß die Unternehmerhaftpflicht nach dem alten Recht „durch eine öffentlich-rechtlich geregelte *allgemeine Unfallversicherung* ersetzt“ werden sollte[5], die in der Form der Kollektivversicherung gegen feste Prämie (§ 11) allein bei einer durch das Reich zu errichtenden und „für Rechnung desselben zu verwaltenden“ Reichsversicherungsanstalt in Berlin (§§ 1, 3) erfolgen sollte. Daneben war in dem Entwurf in § 56 Abs. 1 jedoch bereits fakultativ die Idee eines genossenschaftlichen Zusammenschlusses von Unternehmern von Betrieben derselben Gefahrenklasse „zum Zweck der Unfallversicherung auf Gegenseitigkeit“ angelegt, ohne allerdings die Haftung der Reichsversicherungsanstalt dem versicherten Arbeiter gegenüber aufzuheben (§ 56 Abs. 2). — Es handelte sich also im wesentlichen um einen veränderten Modus der Beitragsaufbringung, die im übrigen je nach dem Jahresverdienst des Versicherten durch den Unternehmer, den Versicherten selbst und das Reich erfolgen sollte (§ 13). —

Der zu leistende Schadensersatz bestand im wesentlichen in den Kosten des Heilverfahrens und einer Rente an den Verletzten bzw. an seine Hinterbliebenen, wobei gegen den durch die Anstalt erteilten Feststellungs- bzw. Ablehnungsbescheid „die Berufung auf den Rechtsweg mittels Erhebung der Klage“ gegeben war (§ 38 Abs. 2).

---

[1] RTSten.Ber. 1881, Bd. III, Aktenst. Nr. 41, S. 222 ff.

[2] Rosin, S. 20.

[3] Dazu ausführlich die Begründung des Gesetzentwurfs, RTSten.Ber. 1881, Bd. II, Aktenst. Nr. 41, S. 231.

[4] Selbst für einen derartigen Fall sollten jedoch die Ansprüche der Hinterbliebenen im Tötungsfall unberührt bleiben (§ 35 Satz 2).

[5] Begründung, RTSten.Ber. 1881, Bd. III, Aktenst. Nr. 41, S. 231 (Heraushebung vom Verfasser).

Das Entscheidende des neuen Gesetzes lag also in einer Versicherungspflicht der Mehrzahl der gewerblichen Arbeitnehmer bei einer *unter öffentlicher Garantie und Verwaltung* stehenden *Versicherungsanstalt des Reiches*[6], der ein *gerichtlich durchsetzbarer Rechtsanspruch*[7] des Versicherten im Schadensfalle gegenüberstand.

Bereits in der ersten Beratung des Entwurfs im Reichstag vom 1. April 1881 an[8], bei der auch Bismarck mit einer langen Verteidigungsrede für das Gesetz in die parlamentarische Debatte eingriff[9], zeigte sich die Unversöhnlichkeit der Standpunkte[10]. Doktrinäre Liberale wie Sozialdemokraten lehnten das Gesetz aus grundsätzlichen Erwägungen ab[11], Unterstützung fand die Regierung jedoch bei den Abgeordneten des Zentrums, der Reichspartei und der deutsch-konservativen Partei. So wurde der Gesetzentwurf, nachdem er an die zuständige Reichstagskommission überwiesen worden war und diese ihn nach ausführlichen Beratungen mit einem entsprechenden Bericht wieder dem Reichstag vorgelegt hatte[12] in zweiter[13] und dritter[14] Lesung verabschiedet. Neben geringfügigen Änderungen, die Karenzzeit und die Höhe der Rente bei eigenem groben Verschulden des Verletzten betreffend, wies der nunmehr verabschiedete Gesetzentwurf mit der Ersetzung der Reichsversicherungsanstalt durch entsprechende Landesanstalten und die Streichung des Reichszuschusses für Versicherte mit geringem Jahresverdienst gem. § 13 Nr. 1 zwei derart grundlegende Änderungen auf, daß er nicht die Zustimmung des Bundesrates fand, was — vor allem auf Betreiben Bismarcks — am 25. Juni 1881 zur endgültigen Ablehnung des derart modifizierten ersten Entwurfes führte[15].

---

[6] Begründung, RTSten.Ber. 1881, Bd. III, Aktenst. Nr. 41, S. 234 (Heraushebung vom Verfasser).

[7] Begründung, RTSten.Ber. 1881, Bd. III, Aktenst. Nr. 41 S. 243 (Heraushebung vom Verfasser).

[8] RTSten.Ber. 1881, Bd. I, S. 673—731, S. 733—756.

[9] RTSten.Ber. 1881, Bd. I, S. 711 ff.; Berühmt geworden sind Bismarcks Äußerungen über die Verantwortlichkeit des Staates „auch für seine Unterlassungen" auf dem Gebiet des Unfallrechts, die Bismarck als „praktisches Christentum, aber sans phrase" bezeichnete (RTSten.Ber. 1881, Bd. I, S. 712, 714); Huber, Dokumente, Bd. II, S. 397 f., der darin bereits „ein offenes Bekenntnis zur Idee des Sozialstaats" (Huber, S. 397) zu erkennen meint.

[10] Dazu ausführlich Quandt, S. 40 ff.! Huber, Verfassungsgeschichte IV, S. 1195 f.

[11] Über Rolle und Haltung der Sozialdemokratie zu dieser Frage ausführlich Schumacher, S. 64 ff.; Zur Haltung der Liberalen, Stephan, in: Geschichte des deutschen Liberalismus (Herausgeber Dorn/Hofmann), S. 97 ff.

[12] RTSten.Ber. 1881, Bd. IV, Aktenst. Nr. 159, S. 1829 ff.; Quandt, S. 58 ff.

[13] RTSten.Ber. 1881, Bd. II, S. 1441—1556, S. 1619—1662; Beschlüsse, Bd. IV, Aktenst. Nr. 238, S. 1119 ff.

[14] RTSten.Ber. 1881, Bd. II, S. 1746—1784; Beschlüsse, Bd. IV, Aktenst. Nr. 260, S. 1158; Quandt, S. 63 ff.

3. Der Zweite Entwurf für ein Unfallversicherungsgesetz von 1882

Nach dem Scheitern des ersten Entwurfes legte die Bismarcksche Reichsregierung mit Datum des 8. Mai 1882 dem neuformierten Reichstag einen zweiten, aufgrund der Erfahrungen in den parlamentarischen Debatten über den Vorentwurf in wesentlichen Punkten abweichenden und vom Bundesrat gebilligten Gesetzentwurf vor[1]. Dem vorausgegangenen war bei der Eröffnung der I. Session der neuen Legislaturperiode 1881/82, des am 27. Oktober 1881 neugewählten Reichstages[2], die Verlesung der „erste(n) kaiserliche(n) Botschaft zur sozialen Frage" vom 17. November 1881[3], die als die *Magna Charta*[4] der deutschen Sozialversicherung gelten kann.

In dieser „Regierungserklärung", die trotz der für das Gesetzesvorhaben nach wie vor ungünstigen Mehrheitsverhältnisse im Reichstag den ungebrochenen Willen Bismarcks zur weiteren sozialreformerischen Gestaltung dokumentiert, liegt die grundsätzliche Programmatik für die Sozialpolitik der Reichsregierung in der folgenden Zeit[5]. In ihr kündigt Bismarck, nachdem nochmals auf die staatliche Aufgabe der „positiven Förderung des Wohls der Arbeiter" hingewiesen wird, die Neuvorlage des überarbeiteten *Unfallversicherungsgesetzes* und ergänzende Vorlagen für Gesetze über das gewerbliche *Krankenkassenwesen* sowie die *Alters- bzw. Invalidenversorgung* der Arbeiter an, da diese „der Gesamtheit gegenüber einen begründeten *Anspruch* auf ein höheres Maß staatlicher Fürsorge" als bisher hätten[6].

Die kaiserliche Botschaft ist damit, wie die Reichstagsrede Bismarcks vom 9. Januar 1882 zur Frage des Arbeitsschutzes[7], in der nochmal die Tradition der preußischen Dynastie, „sich des Schwachen im wirtschaftlichen Kampfe anzunehmen", mit den Worten Friedrich des Großen „Je serai le roi des gueux" beschworen wird[8], der bewußt vollzogene „Versuch der Annäherung an Lorenz *v. Steins* Idee vom sozialen Königtum"[9].

---

[15] Quandt, S. 73; Rosin, Arbeiterversicherung, S. 21 f.; Huber, Verfassungsgeschichte IV, S. 1198.

[1] RTSten.Ber. 1882/83, Bd. V, Aktenst. Nr. 19, S. 173 ff.

[2] Zum Problem der „sozialen Frage" im Reichstagswahlkampf 1881 ausführlich Quandt, S. 73 ff. m.w.N.

[3] RTSten.Ber. 1881, Bd. I, S. 11; abgedr. auch bei Huber, Dokumente, Bd. II, S. 399 f.

[4] So m.E. zu Recht Peters, S. 50; den Beginn der Aera der Sozialgesetzgebung stellt sie allerdings nicht dar, wie Schirbel, S. 441, meint; dazu auch Huber, Verfassungsgeschichte IV, S. 1197 und dort Anm. 11.

[5] Quandt, S. 82 f.

[6] RTSten.Ber. 1881/82, Bd. I, S. 2 (Heraushebung vom Verfasser).

[7] RTSten.Ber. 1881/82, Bd. I, S. 484 ff., 486 (Heraushebung vom Verfasser); Ausschnitte auch bei Huber, Dokumente, Bd. II, S. 399.

[8] RTSten.Ber. 1881/82, Bd. I, S. 486; die Wendung findet sich bereits in ähnlicher Form in einer sehr frühen Rede Bismarcks vor dem preußischen Abge-

Der zweite „Entwurf eines Gesetzes betr. die Unfallversicherung der Arbeiter" unterschied sich von seinem Vorläufer im wesentlichen in der Organisationsform, die entsprechend den bereits in der ersten Kaiserlichen Botschaft vom 17. November 1881 gemachten Andeutungen[10] nunmehr die genossenschaftliche Zusammenfassung der Unternehmer in den Vordergrund stellte[11], während am Versicherungszwang festgehalten wurde (§ 1). In dem neuen Konzept wurde die Reichsversicherungsanstalt durch ein *Reichsversicherungsamt* ersetzt, das nicht mehr als Versicherungsträger, sondern als *Aufsichtsbehörde* über den fachlich und regional gegliederten *Berufsgenossenschaften* als den eigentlichen *Versicherungsträgern* fungierte, womit der Gesetzentwurf vom *bisherigen Anstaltsprinzip* zum *Prinzip der körperlichen Selbstverwaltung im Sozialwesen* überging[12], bei der der Staat nur noch Kontroll- und Garantiefunktionen wahrzunehmen hat.

Im einzelnen sollten alle unter das Gesetz fallenden Industriezweige und Betriebsarten (§ 1) im gesamten Reichsgebiet nach ihrer durchschnittlichen Unfallgefahr in „Gefahrenklassen" eingeteilt werden (§ 10); innerhalb jeder Gefahrenklasse sollten die demselben Industriezweig oder derselben Betriebsart angehörigen Betriebe für jeden Bezirk einer höheren Verwaltungsbehörde zu einer mit Selbstverwaltung ausgestatteten „Betriebsgenossenschaft" zusammengefaßt werden (§ 11). Die Ersatzleistungen an die Unfallgeschädigten sollten gem. § 7 zu 75 % — der trotz Ablehnung im ersten Entwurf wieder vorgesehene Reichszuschuß betrug 25 % — von den Unternehmern getragen werden und zwar zu 60 % von der Gesamtheit der Unternehmer derselben Gefahrenklasse (§ 10) und zu 15 % von der zuständigen Betriebsgenossenschaft (§ 11) bzw. dem Betriebsverband (§ 14). Die Feststellung der Entschädigung war gem. § 80 den Genossenschaftsvorständen zugewiesen; gegen deren Entscheidung sollten nicht — wie noch im ersten Entwurf — die Zivilgerichte, sondern neu zu bildende Schiedsgerichte, in denen unter Vorsitz eines „öffentlichen Beamten" die Unternehmer- wie die Versichertenseite beteiligt sein sollte, zuständig sein[13].

---

ordnetenhaus vom 15. Februar 1865; Bismarck, Werke X, S. 232; dazu auch Blasius, S. 549; Schoeps, Bismarck, S. 305.

[9] Blasius, S. 549 ff.; Huber, Dokumente, Bd. II, S. 397; Stolleis, S. 33 f.; Zu den staatsrechtlichen Ideen Lorenz v. Steins zur Lösung der sozialen Fragen siehe oben Erster Teil, Abschnitt II.1.b).

[10] RTSten.Ber. 1881/82, Bd. I, S. 2; dort heißt es: „... in der Form korporativer Genossenschaften unter staatlichem Schutz und staatlicher Förderung ..."

[11] Rosin, Arbeiterversicherung, S. 22; dazu ausführlich Quandt, S. 85 ff. m.w.N., der aus verschiedenen früheren Äußerungen Bismarcks den Eindruck gewinnt, daß dies bereits die ursprüngliche Zielsetzung Bismarcks gewesen sei, er diese aber wegen der Eilbedürftigkeit bei der ersten Vorlage aus organisatorischen Gründen nicht glaubte verwirklichen zu können.

[12] RTSten.Ber. 1882/83, Bd. V, Begründung, S, 197 f.; dazu auch Huber, Verfassungsgeschichte IV, S. 1199 (Heraushebungen vom Verfasser).

Bereits in der ersten allgemeinen Lesung des Gesetzentwurfes am 15. und 16. März 1882[14] zeigte sich der prinzipielle Widerstand der Parteien gegen einzelne Vorstellungen der Vorlage; während die Linksliberalen nach wie vor den Versicherungszwang ablehnten, bekämpfte das Zentrum den Reichszuschuß, an dem Bismarck trotz der Ablehnung durch die Reichstagsmehrheit bereits im ersten Entwurf aus grundsätzlichen Erwägungen festhielt[15]. Nach einer z.T. heftig geführten Debatte wurde der Gesetzentwurf an die zuständige Reichstagskommission zur weiteren Erörterung überwiesen[16].

Dort erfuhr er allerdings aus parteitaktischen Gründen — die oppositionellen Parteien wollten wegen der bevorstehenden preußischen Landtagswahlen jede endgültige Stellungnahme hinauszögern — eine derart „dilatorische Behandlung", daß Bismarck zu dem letzten „Druckmittel" in Form der zweiten „Kaiserlichen Botschaft zur sozialen Frage" vom 14. April 1883[17] griff, um doch noch eine parlamentarische Entscheidung herbeizuführen[18]. Zwar nahmen die Kommissionsvertreter daraufhin ihre Beratungen wieder auf, kamen jedoch wegen der grundsätzlichen parteipolitischen Differenzen zu keiner Lösung in der Sache selbst. Ein angekündigter mündlicher Kommissionsbericht wurde bis zum Ende der Session am 12. Juni 1883 nicht mehr erstattet[19], die VIII. Kommission empfahl neben der Ablehnung des Gesetzentwurfs in seiner „jetzigen Gestalt" jedoch verschiedene Änderungspunkte für eine spätere Wiedervorlage[20]. Der Reichstag konnte sich wegen des Sessionsendes nicht mehr mit diesem Bericht befassen, damit war auch der zweite Entwurf für ein Unfallversicherungsgesetz gescheitert.

[13] Zu den weiteren Abänderungen gegenüber dem ersten Entwurf Rosin, Arbeiterversicherung, S. 22 ff.; zum Entstehungshintergrund ausführlich Quandt, S. 86 ff.

[14] RTSten.Ber. 1882/83, Bd. I, S. 199 ff. und 223 ff.

[15] Nach Bismarcks Ansicht mußte ein Arbeiterbeitrag notwendig zu einer Lohnerhöhung führen und im Grunde den Arbeitgeber treffen, während auf der anderen Seite durch die scheinbare Belastung der Arbeiter die Gegner des Gesetzes weiteren Zulauf erhalten würden. Wegen der Wettbewerbsfähigkeit der Wirtschaft erschien dagegen eine völlige Abwälzung der Prämien auf die Unternehmen bedenklich, so daß für Bismarck die Einführung einer staatlichen Beihilfe, evtl. zu schöpfen aus dem parlamentarisch umkämpften Tabakmonopol, als geeignete Lösung übrigblieb; Quandt, S. 87 f m.w.N.

[16] RTSten.Ber. 1882/83, Bd. I, S. 249.

[17] RTSten.Ber. 1882/83, Bd. III, S. 1956 f.; abgedr. auch bei Huber, Dokumente, Bd. II, S. 400 ff.

[18] Huber, Verfassungsgeschichte IV, S. 1199; Quandt, S. 90 f.

[19] Rosin, Arbeiterversicherung, S. 24; Huber, Verfassungsgeschichte IV, S. 1199.

[20] RTSten.Ber. 1882/83, Bd. VI, Aktenst. Nr. 372, S. 1423; herauszuheben sind dabei vor allem die Streichung des Reichszuschusses, Änderungen in der Organisationsform sowie die sachliche Erweiterung auf Land- und Forstarbeiter und Flößer; dazu auch Rosin, Arbeiterversicherung, S. 24.

4. Das Krankenversicherungsgesetz von 1883

Unmittelbar vor dem zweiten Entwurf über eine Arbeiterunfallversicherung legte die Reichsregierung dem Reichstag unter dem 29. April 1882 den „Entwurf eines Gesetzes betr. die Krankenversicherung der Arbeiter" in der vom Bundesrat beschlossenen Form vor[1].

Dieses Gesetz war in verschiedener Hinsicht von großer Bedeutung. Zum einen hatte sich die Hoffnung, die Verbreitung des Krankenkassenwesens werde durch das Gesetz vom 7. April 1876 über die eingeschriebenen Hülfskassen[2] einen raschen Aufschwung nehmen, nicht erfüllt[3]. Zum anderen machte die geplante Organisation der Unfallversicherung (zweiter Entwurf), der Betriebsunfälle, die sich in ihren Folgen nicht über 13 Wochen erstreckten, als Krankheiten behandeln wollte, schon deshalb eine Neuregelung des Krankenkassenwesens erforderlich, damit alle gegen Unfall versicherten Arbeiter auch ausreichend gegen Betriebsunfälle mit geringfügigeren Folgen geschützt würden[4]. Dem versuchte der Entwurf durch einen lückenlosen gesetzlichen Versicherungszwang (§ 1) zu begegnen, der praktisch alle gewerblichen Arbeitnehmer — und damit auch alle gegen Unfall zu versichernden Arbeiter — umfaßte[5].

Organisatorisch sollte die neue Krankenversicherung auf dem bestehenden Zwangs- bzw. Hilfskassensystem aufbauen, indem sie als Versicherungsträger Ortskrankenkassen vorsah, in denen die bisherigen Zwangskassen aufgehen sollten. Daneben sollten unter gesetzlich festgestellten Voraussetzungen (§§ 53 ff.) Fabrik-, Bau- und Innungskrankenkassen sowie die Knappschaftskassen errichtet werden bzw. zuständig bleiben, während die bisherigen Hilfskassen insoweit bestehen blieben, als sie den durch das Gesetz (§ 69) festgelegten Bedingungen entsprachen, denn es lag im Interesse des Entwurfs, „lebenskräftige Einrichtungen nicht zu zerstören, sondern seinem eigenen Organismus einzuverleiben"[6].

Als Leistungen, die nur im Falle einer durch Krankheit herbeigeführten Erwerbslosigkeit gewährt wurden, sah das Gesetz einen Anspruch des Arbeiters auf Krankenunterstützung (§ 5) vor, die vom vierten Tag nach Eintritt der Krankheit, höchstens jedoch für 13 Wochen zu

[1] RTSten.Ber. 1882/83, Bd. V, Aktenst. Nr. 14, S. 124 ff.

[2] RGBl S. 125 ff.

[3] So die amtliche Begründung, RTSten.Ber. 1882/83, Bd. V, S. 140; Rosin, Arbeiterversicherung, S. 17; Huber, Verfassungsgeschichte IV, S. 1200.

[4] Begründung, RTSten.Ber. 1882/83, Bd. V, S. 140; Rosin, Arbeiterversicherung, S. 29; Simon, S. 64.

[5] Begründung, RTSten.Ber. 1882/83, Bd. V, S. 141 ff., 144, ausgenommen werden konnten gemäß § 2 Betriebsangehörige der Apotheken, Transportarbeiter, Heimarbeiter und die landwirtschaftlichen Arbeiter; Rosin, Arbeiterversicherung, S. 29; Simon, S. 65.

[6] Rosin, Arbeiterversicherung, S. 30, der dazu den Slogan „Kassenzwang, aber nicht Zwangskasse" geprägt hat.

leisten war (§ 6). Die Mittel sollten durch die Beiträge aufgebracht werden, die die Arbeiter, soweit sie zugleich gegen Unfälle versichert waren, zu 1/3, die Arbeitgeber zu 2/3 zu leisten hatten (§ 47), letztere traf zugleich die Verpflichtung der An- und Abmeldung der Arbeiter und der Verauslagung der Beiträge (§§ 44, 46).

Bereits die erste Lesung des Gesetzes am 15. und 16. Mai 1882[7] zeigte, daß durch den Verzicht auf einen Reichszuschuß und die Dezentralisation der Kassenorganisation mit einer Mehrheit im Reichstag gerechnet werden konnte[8]. Die zuständige VIII. Kommission, an die der Entwurf dann verwiesen wurde, nahm in ihren langwierigen Verhandlungen[9] denn auch keine wesentlichen Änderungen an der Konzeption des Gesetzes mehr vor — bemerkenswert ist jedoch eine Reihe von kleineren Abänderungsbeschlüssen, die in ihrer arbeiterfreundlichen Tendenz noch über die Regelungen des Regierungsentwurfs hinausgingen[10].

Nach der zweiten[11] und dritten[12] Lesung im Reichstag, die der Kommissionsentwurf ohne größere Veränderung passierte[13], wurde das Gesetz am 31. Mai 1883 in namentlicher Abstimmung mit 216 gegen 99 Stimmen der Fortschrittspartei und der Sozialdemokraten angenommen[14]. Nach der Annahme auch durch den Bundesrat trat das „Gesetz, betr. die Krankenversicherung der Arbeiter vom 15. Juni 1883" im ganzen am 1. Dezember 1884 in Kraft[15]; damit war der erste Schritt zu einer umfassenden Sozialversicherungsgesetzgebung getan[16].

---

[7] RTSten.Ber. 1882/83, Bd. I, S. 199 ff. und 223 ff.; die erste Lesung erfolgte zugleich mit derjenigen des zweiten Entwurfs des Unfallversicherungsgesetzes.

[8] Huber, Verfassungsgeschichte IV, S. 1200.

[9] Bericht der VIII. Kommission, RTSten.Ber. 1882/83, Bd. VI, Aktenst. Nr. 211, S. 767 ff.; insgesamt hielt die Kommission 50 Sitzungen ab.

[10] Zu nennen ist die Schaffung einer Kategorie von versicherungsberechtigten Personen, die neben den Pflichtversicherten Mitglieder der Krankenversicherung sein konnten (§§ 4, 15, 57), die Erstreckung der Leistungen auch auf Fälle einer nicht mit Erwerbsunfähigkeit verbundenen Krankheit (§ 5 I 1) und die Heranziehung aller Arbeitgeber zu den Beitragszahlungen zu 1/3 aus eigenen Mitteln (§ 47); dazu Rosin, Arbeiterversicherung, S. 31.

[11] RTSten.Ber. 1882/83, Bd. III, S. 1966 ff.

[12] RTSten.Ber. 1882/83, Bd. IV, S. 2466 ff.

[13] Auf Antrag des Abgeordneten Hirsch wurde das Recht der Gemeinden, Krankenversicherungsbeiträge zu erheben, in eine Pflicht umgewandelt; RTSten.Ber. 1882/83, Bd. VI, Aktenst. Nr. 306, S. 1240.

[14] RTSten.Ber. 1882/83, Bd. IV, S. 2694 ff.

[15] RGBl S. 73; vorbereitende Teile, „soweit sie die Beschlußfassung über die statuarische Einführung des Versicherungszwanges, sowie die Herstellung der zur Durchführung des Versicherungszwanges dienenden Einrichtungen" betrafen, traten bereits mit dem 1.12.1883 in Kraft (§ 88).

[16] Im Zusammenhang mit diesem Gesetz wurde 1884 auch das sog. „Hülfskassengesetz" vom 7.4.1876, das z.T. aufgehoben worden war, durch das „Gesetz, betr. die Abänderung des Gesetzes über die eingeschriebenen Hülfskassen vom 7. April 1876" zum 1.6.1884 an die neue Rechtslage angepaßt; dazu Rosin, Arbeiterversicherung, S. 33.

5. Das Unfallversicherungsgesetz von 1884

Am 6. März 1884 legte die Bismarcksche Reichsregierung durch den Staatssekretär des Inneren *v. Boetticher* dem Reichstag den dritten vom Bundesrat beschlossenen Entwurf für ein Unfallversicherungsgesetz[1] vor, der schließlich zum Gesetz werden sollte. Dieser — nach einem Zerwürfnis Bismarcks mit Lohmann[2] — von *Bödiker*[3] stammende Entwurf[4] baute in seiner Konzeption auf dem Vorentwurf auf, berücksichtigte jedoch in wesentlichen Punkten die „aus dem bisherigen Entwicklungsgange geschöpften Erfahrungen"[5].

Organisatorisch sah der Entwurf wiederum nach §§ 11 ff. neuzubildende Berufsgenossenschaften als mit umfassender Selbstverwaltung ausgestattete Träger der Unfallversicherung vor (§ 9), über denen das ebenfalls neu zu schaffende Reichsversicherungsamt (§§ 87 ff.) — der zweite Entwurf hatte noch Landesbehörden vorgesehen — als besondere Aufsichtsbehörde des Reiches fungierte. Dieser Behörde wurden daneben weitere „verwaltende und verwaltungsgerichtliche Functionen, insbesondere auch die letztinstanzliche Entscheidung in den bedeutsameren Fällen schiedsgerichtlicher Urtheile über die Unfallentschädigung" eingeräumt (§ 63)[6]. Die Rechte der Versicherten versuchte der Entwurf durch die Errichtung von Arbeiterausschüssen zu wahren (§§ 41 ff.). Der in den ersten Entwürfen vorgesehene Reichszuschuß wurde dagegen auf den massiven Druck der Mehrheit des Parlaments fallengelassen, statt dessen blieb nur noch eine Reichsgarantie für den Fall der Leistungsunfähigkeit einer Berufsgenossenschaft (§ 33).

Daneben enthielt das Gesetz die wichtige Befugnis der Berufsgenossenschaften, Unfallverhütungsvorschriften zu erlassen (§§ 78 ff.) und durch Beauftragte zu überwachen (§ 82), und besaß damit auch einen präventiven Charakter, den das Reichsversicherungsamt selbst dann sogar als den entscheidenden Teil der Tätigkeit der Berufsgenossenschaften ansah[7].

---

[1] RTSten.Ber. 1884, Bd. III, Aktenst. Nr. 4, S. 50 ff.; in der von v. Boetticher dazu verlesenen kaiserlichen Thronrede zur Sessionseröffnung, RTSten.Ber. 1884, Bd. I, S. 1 ff., wird nochmal auf die Bedeutung der sozialpolitischen Gesetzgebung allgemein und des Unfallversicherungsgesetzes im besonderen hingewiesen.

[2] Vogel, S. 101 ff.

[3] Bödiker wurde nach Lohmann Hauptreferent für die sozialpolitischen Vorlagen im Reichsamt des Inneren; nach Annahme des Unfallversicherungsgesetzes trat er am 11.7.1884 als erster Präsident an die Spitze des neu geschaffenen Reichsversicherungsamtes; dazu Vogel, S. 106 ff.

[4] Zur Entstehungsgeschichte eingehend Quandt, S. 92 ff.

[5] So v. Boetticher in der kaiserlichen Thronrede vom 6.3.1884, RTSten.Ber. 1884, Bd. I, S. 1; dazu auch Rosin, Arbeiterversicherung, S. 24.

[6] v. Bödiker, Arbeiterversicherung, S. 5 f.; ders., Unfallversicherung, S. 38 f.; Rosin, Arbeiterversicherung, S. 25.

Der Gesetzentwurf wurde nach der ersten Lesung am 13.—15. März 1884, in der wiederum die alten Parteiengegensätze aufbrachen[8], an die zuständige VIII. Kommission überwiesen. In den Kommissionsberatungen blieb die Grundkonzeption des Entwurfs unangetastet — erwähnenswerte Änderungen sind die Ablösung der Arbeiterausschüsse als organisierter, ständiger Körperschaften durch „Vertreter der Arbeiter" und die Möglichkeit, im bestimmten Umfang Funktionen des Reichsversicherungsamtes auf Landesversicherungsämter zu übertragen[9].

In der zweiten[10] und dritten[11] Lesung im Reichstag wurde der Gesetzentwurf in der von der Kommission vorgelegten Form bestätigt und am 27. Juni 1884 mit den Stimmen des Zentrums und der Nationalliberalen wiederum gegen die Stimmen der Sozialdemokratie[12] und der Radikalliberalen angenommen. Nach Sanktionierung durch den Bundesrat wurde das Gesetz am 6. Juli 1884 verkündet[13].

Das Gesetz trat in seinen organisatorischen Teilen mit dem Tage der Verkündung in Kraft; insgesamt sollte das Gesetz durch kaiserliche Verordnung mit Zustimmung des Bundesrates in Kraft gesetzt werden (§ 111 Abs. 2), was durch die Verordnung vom 25. September 1885 am 1. Oktober 1885[14] geschah.

6. Die Ausdehnung der Unfall- und Krankenversicherung

a) Das „Ausdehnungsgesetz"

Bereits unmittelbar nach der Verabschiedung des Unfallversicherungs- und des Krankenversicherungsgesetzes[1] erfuhren beide Gesetze

[7] So das Reichsversicherungsamt in einem Rundschreiben vom 19. April 1886 an die Berufsgenossenschaft mit der dringenden Empfehlung, „nunmehr dieser Aufgabe näherzutreten"; Peters, S. 63.

[8] RTSten.Ber. 1884, Bd. I, S. 35 ff.; berühmt geworden ist Bismarcks Rede vom 15.3.1884, RTSten.Ber. 1884, Bd. I, S. 72 ff., in der er zu den gegen das Gesetz geäußerten Vorwürfen Stellung nahm.

[9] RTSten.Ber. 1884, Bd. IV, Aktenst. Nr. 115, S. 858 ff.

[10] RTSten.Ber. 1884, Bd. II, S. 750 ff. und 919 ff.; die Beschlüsse sind abgedr. in RTSten.Ber. 1884, Bd. IV, Aktenst. Nr. 157, S. 1169.

[11] RTSten.Ber. 1884, Bd. II, S. 1103 f.; die Beschlüsse sind abgedruckt in RTSten.Ber. 1884, Bd. IV, S. 1347 ff.

[12] Dieses Abstimmungsverhalten der Sozialdemokraten war die Folge entsprechender Beschlüsse auf den Kongressen der durch das „Sozialistengesetz" von 1878 illegalen Partei vom 20.—23.5.1880 auf Schloß Wyden bei Zürich und vor allem in Kopenhagen vom 29.3.—2.4.1883, die die Partei auf die unbedingte Ablehnung jeder staatlichen Sozialreform festlegten; dazu ausführlich Huber, Verfassungsgeschichte IV, S. 1172 und 1202; Schumacher, S. 51 f.

[13] Unfallversicherungsgesetz vom 6. Juli 1881; RGBl S. 69.

[14] Verordnung, betr. die Inkrafttretung des Unfallversicherungsgesetzes vom 6. Juli 1884 (RGBl S. 69) und die theilweise Inkraftsetzung des Gesetzes über die Ausdehnung der Unfall- und Krankenversicherung vom 28. Mai 1885 (RGBl S. 159). Vom 25. September 1885; RGBl S. 271.

[1] Siehe oben die Kapitel 4. und 5.

wichtige Änderungen durch den am 17. Dezember 1884 im Reichstag vorgelegten Entwurf eines Gesetzes über die Ausdehnung der Unfall- und Krankenversicherung[2].

Das Entscheidende bei dem sog. „Ausdehnungsgesetz" war, daß mit der Einbeziehung einer großen Reihe von Reichs- und Staatsbetrieben — Eisenbahn-[3], Post-, Telegraphen-, Heeres- und Marineverwaltung — die Versicherung gegen Betriebsunfälle (§ 1 Nr. 1) in diesen Fällen ohne Schaffung von Berufsgenossenschaften als Träger der Unfallast durch das Reich und damit den Staat selbst erfolgte[4].

Da auf diese Weise auch Genossenschaftsversammlung und -vorstand durch staatliche Ausführungsbehörden ersetzt wurden, war die Nichtanwendbarkeit einer ganzen Reihe von Vorschriften des Unfallversicherungsgesetzes die notwendige Konsequenz (§§ 2, 3). Daneben bezog das „Ausdehnungsgesetz" noch eine ganze Reihe weiterer Gewerbezweige in den Anwendungs- und damit den Schutzbereich des Unfallversicherungs- (§ 1 Nr. 2—5) wie auch des Krankenversicherungsgesetzes (§ 15) ein.

Der Reichstag verabschiedete — nachdem der Entwurf das Gesetzgebungsverfahren durchlaufen hatte[5] — am 6. Mai 1885 das Gesetz, das am 28. Mai 1885 verkündet wurde[6], ohne größere Änderung. Das Gesetz trat in großen Teilen mit der Verkündung, im übrigen durch kaiserliche Verordnungen mit Zustimmung des Bundesrates am 1. Oktober 1885[7] bzw. am 1. Juli 1886[8] in Kraft (§ 17).

b) *Das „Landwirtschaftsgesetz"*

In Form einer weiteren wichtigen Gesetzesnovelle brachte die Reichsregierung unmittelbar nach dem „Ausdehnungsgesetz" am 3. Januar 1885 einen Gesetzesentwurf betr. die Unfallversicherung in land- und forstwirtschaftlichen Betrieben im Reichstag ein[9]. Damit sollte die Einbe-

---

[2] RTSten.Ber. 1884/85, Bd. V, Aktenst. Nr. 77, S. 249 ff.

[3] Dadurch wurde zugleich dem § 1 Haftpflichtgesetz vom 1.7.1871 ein großer Teil seines Anwendungsgebietes — nämlich, soweit er sich auf die Mitarbeiter der Bahn bezog — entzogen; Rosin, Arbeiterversicherung, S. 34 und S. 5 ff.

[4] Peters, S. 63; Rosin, Arbeiterversicherung, S. 34.

[5] Erste Lesung am 30./31. Januar 1885, Sten.Ber. 1884/85, Bd. II, S. 980 ff.; Kommissionsberatung Sten.Ber. 1884/85, Bd. VI, Aktenst. Nr. 238, S. 1068 ff.; Zweite Lesung am 1./2. Mai 1885, Sten.Ber. 1884/85, Bd. VI, S. 2463 ff. und 2506 ff., Beschlüsse, Bd. VII, Aktenst. Nr. 361, S. 1869 ff.; Dritte Lesung am 6. Mai 1885, Sten.Ber. 1884/85, Bd. IV, S. 2593 ff.

[6] RGBl S. 159 ff.

[7] VO vom 25. September 1885; RGBl S. 271.

[8] VO vom 24. Juni 1886; RGBl S. 205.

[9] Entwurf eines Gesetzes betr. die Unfallversicherung der in land- und forstwirtschaftlichen Betrieben beschäftigten Personen; RTSten.Ber. 1884/85, Bd. V, Aktenst. Nr. 81, S. 281 ff.

ziehung einer weiteren großen Gruppe unfallgefährdeter Arbeitnehmer, auf die das Haftpflichtgesetz vom 1. Juli 1871 keine Anwendung fand, in den Schutzbereich der Unfallversicherung erfolgen[10].

Organisatorisch glaubte man wegen der im Verhältnis zum industriellen Bereich geringeren Strukturunterschiede der land- und forstwirtschaftlichen Betriebe und der großen Anzahl kleiner Betriebe Vereinfachungen bei der Bildung der Berufsgenossenschaften (§ 11), bei der Rentenbildung (§ 5 Abs. 3) und der Inanspruchnahme kommunaler Einrichtungen im Beitreibungsverfahren (§ 37 Abs. 5 u. 6) vornehmen zu sollen[11]. Wichtigster Unterschied zu den Regelungen für die industriellen und gewerblichen Arbeitnehmer war jedoch, daß der Gesetzentwurf keinen gleichzeitigen allgemeinen gesetzlichen Krankenkassenzwang enthielt. Als Begründung wurde sowohl die fehlende Dringlichkeit — die „herkömmliche Sitte“ mit freiwilliger Fürsorge durch den Arbeitgeber erweise sich vielerorts als ausreichend stark — als auch die fehlende Wirtschaftskraft des Arbeitgebers genannt, da auf dem platten Lande die Naturalwirtschaft vorherrsche, in der die „geldwirtschaftlichen Grundsätze des Krankenversicherungsgesetzes (nicht) unvermittelt hineinzutragen seien[12]. Um dennoch auch den land- und forstwirtschaftlichen Arbeitnehmern einen relativ lückenlosen Versicherungsschutz zu sichern, wurde für die 13-wöchige Karenzzeit bei Fehlen eines Krankenkassenschutzes die Pflicht der Gemeinde zur Gewährung der Kosten des Heilverfahrens (§ 9) in den Entwurf aufgenommen.

Dieser erste Entwurf der Gesetzesnovelle kam bei zwar überwiegender genereller Zustimmung wegen Differenzen in der Durchführung über die erste Lesung im Reichstag am 30./31. Januar 1885[13] und eine erste Beratung in der zuständigen XIII. Reichstagskommission[14] nicht hinaus, weshalb die Reichsregierung in der neuen Session 1885/86 einen aufgrund der bei den Beratungen des Vorentwurfs gefaßten Beschlüsse zum Teil wesentlich veränderten Entwurf im Reichstag vorlegte[15].

[10] So ausdrücklich die Begründung der Regierungsvorlage, RTSten.Ber. 1884/85, Bd. V, S. 296, die auf einen begründeten „öffentlich-rechtlichen Anspruch auf Fürsorge bei Betriebsunfällen“ auch für land- und forstwirtschaftliche Arbeiter hinweist; dazu auch Rosin, Arbeiterversicherung, S. 35.

[11] Rosin, Arbeiterversicherung, S. 35 f.

[12] Begründung, RTSten.Ber. 1884/85, Bd. V, S. 296; Rosin, Arbeiterversicherung, S. 36.

[13] RTSten.Ber. 1884/85, Bd. II, S. 990 ff. und 999 ff.

[14] Ein Kommissionsbericht wurde hierzu nicht mehr erstattet; so die amtliche Begründung des Neuentwurfs, RTSten.Ber. 1885/86, Bd. IV, Aktenst. Nr. 75, S. 399.

[15] Entwurf eines Gesetzes, betr. die Unfall- und Krankenversicherung der in land- und forstwirtschaftlichen Betrieben beschäftigten Personen. Vom 7. Januar 1886; RTSten.Ber. 1885/86, Bd. IV, Aktenst. Nr. 75, S. 366 ff. und die amtliche Begründung, RTSten.Ber. 1885/86, Bd. IV, S. 399 ff.

Der neue Gesetzentwurf, der in seinem Grundgedanken und zum großen Teil auch in den einzelnen Bestimmungen mit dem Vorentwurf übereinstimmte[16], unterschied sich von seinem Vorläufer bereits dadurch, daß er nicht mehr eine ergänzende Novellierung zum Unfallgesetz, sondern eine vollständige Neukodifizierung unter Wiederholung der entsprechenden Vorschriften des Unfallgesetzes darstellte (§§ 1—124)[17]; lediglich die Bestimmungen über die Krankenversicherung erfolgten nach wie vor in der Form der ergänzenden Novellierung (§§ 125—130).

Nach der ersten Lesung[18] im Reichstag wurde der Entwurf in der dafür eingesetzten VI. Kommission beraten und verschiedenen Änderungen unterworfen[19], die sich im wesentlichen auf den Unfallversicherungsteil bezogen — dort auf die Frage der Organisation der Berufsgenossenschaften, des Maßstabes für die Beitragserhebung und der Erweiterung der Kompetenzen für die Regelung durch die Einzelstaaten (§§ 107 a f.) —, während die Regelungen über die Krankenversicherung im wesentlichen unverändert angenommen wurden[20].

Anschließend wurde der Gesetzentwurf ohne nennenswerte Veränderungen in zweiter[21] und dritter Lesung[22] vom Reichstag verabschiedet und am 5. Mai 1886 verkündet[23]. Während die organisatorischen Teile der Unfallversicherung und die Krankenversicherung mit dem Tag der Verkündung auch in Kraft traten (§ 143 Abs. 1), trat das Gesetz gem. § 143 Abs. 2 insgesamt erst „mit Zustimmung des Bundesraths durch Kaiserliche Verordnung" — und zwar für die einzelnen Gliedstaaten getrennt — zwischen dem 1. April 1888 und dem 1. Mai 1889 in Kraft[24].

c) *Die Ausweitung der Unfallversicherung auf weitere Berufsgruppen*

In der Folgezeit schlossen sich in relativ kurzer Zeit — nachdem bereits am 15. März 1886 ein „Beamtenunfallgesetz", allerdings nur für

[16] So die Begründung, RTSten.Ber. 1885/86, Bd. IV, S. 399, die die wesentlichen Passagen der Begründung vom Vorentwurf wiederholt; die Veränderungen betrafen vor allem den organisatorischen Rahmen und die Krankenversicherung, Begründung, RTSten.Ber. 1885/86, Bd. II, S. 405; dazu Rosin, Arbeiterversicherung, S. 37.

[17] Dazu auch Rosin, Arbeiterversicherung, S. 36.

[18] RTSten.Ber. 1885/86, Bd. II, S. 849 ff.

[19] Bericht der VI. Kommission, RTSten.Ber. 1885/86, Bd. VI, Aktenst. Nr. 252, S. 1186 f.

[20] So der Kommissionsbericht, RTSten.Ber. 1885/86, Bd. VI, S. 1186.

[21] RTSten.Ber. 1885/86, Bd. III, S. 1897 ff.; Beschlüsse, Bd. VI, Aktenst. Nr. 276, S. 1350 ff.

[22] RTSten.Ber. 1885/86, Bd. III, S. 1995 ff.; Beschlüsse, Bd. VI, Aktenst. Nr. 284, S. 393 ff.

[23] RGBl S. 132 ff.

[24] Eine genaue und ausführliche Zusammenstellung dazu gibt Rosin, Arbeiterversicherung, S. 38 und dort Anm. 11.

Beamte des Reiches und Soldaten beider Waffengattungen, in Kraft getreten war[25] — Unfallversicherungsgesetze für weitere Berufsgruppen an; ein weiteres Zeichen für den ernsten Willen der Reichsregierung zur sozialen Fürsorge.

Am 3. März 1887 wurden dem Reichstag gleich zwei Gesetzentwürfe durch den Stellvertreter Bismarcks *v. Boetticher* vorgelegt: Die erste Vorlage betraf einen Entwurf für ein sogenanntes *See-Unfallversicherungsgesetz*[26] und stellte im wesentlichen eine inhaltliche Wiederholung des Unfallversicherungsgesetzes unter Berücksichtigung der speziellen Belange der Reedereien und der Struktur der deutschen Seeschiffahrt dar. Neben der fortgesetzten wichtigen Aufgabe der Unfallverhütung durch die Seeberufsgenossenschaften enthielt das Gesetz Regelungen für einen zusätzlichen Schutz nicht krankenversicherter Seeleute; dabei ist bemerkenswert, daß die erste Kranken- bzw. Unfallfürsorge noch vor den gesetzlich zuständigen Seeberufsgenossenschaften durch die weiter geltenden gesetzlichen Regelungen im Handelsgesetzbuch (Art. 523 ff.) und in der Seemannsordnung vom 27. Dezember 1872 (§§ 48 ff.)[27] bei den Reedern verblieb.

Der Gesetzentwurf durchlief ohne wesentliche Veränderungen die parlamentarischen Beratungen im Reichstag[28] und wurde am 13. Juli 1887 verkündet.

Der zweite Entwurf betraf ein sogenanntes *Bau-Unfallversicherungsgesetz*[29], das allerdings wie das „Ausdehnungsgesetz" lediglich eine Novelle zum industriellen „Unfallversicherungsgesetz" und keine vollständige Neukodifizierung darstellte. Das Gesetz erfaßte alle diejenigen Bauarbeiter, die durch die bisher bereits geschaffenen gesetzlichen Regelungen — § 1 Abs. 2 Nr. 8 UVG; § 1 Nr. 1 AusdG — noch nicht gegen Unfälle versichert waren und stellte somit auf dem Gebiet der Bauwirtschaft einen praktisch lückenlosen Versicherungsschutz her[30]. Bemerkenswert bei der Gesetzesnovelle ist, daß während der Beratungen im Reichstag für die neu zu errichtende Tiefbauberufsgenossenschaft von

---

[25] Gesetz, betr. die Fürsorge für Beamte und Personen des Soldatenstandes in Folge von Betriebsunfällen; RGBl S. 53 ff.; dazu ausführlich Rosin, Arbeiterversicherung, S. 26 ff.

[26] Entwurf eines Gesetzes, betreffend die Unfallversicherung der Seeleute und anderer bei der Seefahrt betheiligter Personen; dazu auch Peters, S. 63; Rosin, Arbeiterversicherung, S. 39 ff.

[27] RGBl S. 432 ff.

[28] Erste Lesung, Sten.Ber. 1887, Bd. I, S. 152 ff.; Zweite Lesung, Sten.Ber. 1887, Bd. II, S. 1006 ff., Beschlüsse, Sten.Ber. 1887, Bd. IV, Aktenst. Nr. 216, S. 1456 ff.; Dritte Lesung, Sten.Ber. 1887, Bd. II, S. 1139 ff.

[29] Entwurf eines Gesetzes, betr. die Unfallversicherung der bei Bauten beschäftigten Personen; RTSten.Ber. 1887, Bd. III, Aktenst. Nr. 11, S. 190 ff.

[30] Peters, S. 33; Rosin, Arbeiterversicherung, S. 42.

dem in den bisherigen Gesetzen praktizierten Umlageverfahren abgerückt und ein Kapitaldeckungsverfahren (§ 10 Abs. 1) eingeführt wurde.

Das Gesetz wurde nach der Sanktionierung durch den Reichstag am 11. Juli 1887 verkündet[31], es trat insgesamt gleichzeitig mit dem See-Unfallversicherungsgesetz am 1. Januar 1888 in Kraft[32].

7. Die Alters- und Invalidenversicherung

Das Inkrafttreten der beiden letztgenannten Unfallversicherungsgesetze, wodurch insgesamt ca. 10 Millionen Arbeitnehmer und damit der größte Teil, wenn auch noch nicht alle Arbeiter, zwangsunfallversichert waren[1], stellte einen vorläufigen Abschluß der Unfallversicherungsgesetzgebung dar[2].

Einen vorläufigen Schlußstein des gesamten Gebäudes der deutschen Sozialversicherung stellte das *Alters- und Invaliditätsversicherungsgesetz von 1889* dar[3], dessen Entwurf nebst einer Denkschrift über die Höhe der zu erwartenden finanziellen Belastung dem Reichstag am 22. November 1888[4] wiederum durch *v. Boetticher* als dem Stellvertreter Bismarcks vorgelegt wurde. Auch dieses Versicherungswerk war bereits durch die „Kaiserliche Botschaft“ vom 17. November 1881 angekündigt worden[5]; daß es erst relativ spät verwirklicht werden konnte, lag nicht am guten Willen der Reichsregierung. Bismarck hatte bereits in einem Schreiben vom 13. März 1863 an den damaligen preußischen Minister des Inneren *Graf Eulenburg* vergeblich die Errichtung von Altersversorgungsanstalten nach französischem Vorbild vorgeschlagen, die er für einen erheblichen Schritt vorwärts auf dem Wege zur Lösung des gesamten sozialen Problems hielt[6] — eine Erkenntnis, die durch neue wissenschaftliche Studien nachdrücklich erhärtet worden ist[7].

---

31 RGBl S. 287 ff.

32 Kaiserliche VO vom 26. Dezember 1887 (RGBl S. 537).

1 Peters, S. 65.

2 Geändert und neu gefaßt wurden die Unfallversicherungsgesetze nach verschiedenen vergeblichen Vorstößen durch das Gesetz vom 5. Juli 1900, das am 1. Oktober 1900 in Kraft trat (RGBl S. 573 ff.) und bis zur Reichsversicherungsordnung vom 19. Juli 1911 Gültigkeit besaß; Wannagat, S. 68; Peters, S. 64.

3 Rosin, Arbeiterversicherung, S. 44; Wannagat, S. 68.

4 Entwurf eines Gesetzes, betr. die Alters- und Invaliditätsversicherung, RTSten.Ber. 1888/89, Bd. IV, Aktenst. Nr. 10, S. 31 ff., Denkschrift, S. 102 ff.

5 RTSten.Ber. 1881/82, Bd. I, S. 1 ff.; dort heißt es: „Auch diejenigen, welche durch Alter oder Invalidität erwerbsunfähig werden, haben der Gesamtheit gegenüber einen begründeten Anspruch auf ein höheres Maß staatlicher Fürsorge, als ihnen bisher hat zutheil werden können.“

6 Dazu Abschnitt I. und die dort angegebene Literatur; Simon, S. 66.

7 Dazu ausführlich Achinger, S. 26 ff.

Das Problem lag in der Neuartigkeit der Materie, für die im Gegensatz zu den bisherigen Gesetzeswerken — Unfall- und Krankenversicherung konnten auf den Erfahrungen mit dem Haftpflichtgesetz von 1871 und dem Hülfskassengesetz von 1876 aufbauen — keinerlei legislatorische Vorbilder und keine versicherungsmathematischen Unterlagen vorlagen[8]. Seit 1881 wurden deshalb im zuständigen Reichsamt des Inneren Materialien für eine geplante Versicherung gegen die Folgen des Alters und nicht unfallbedingte Invalidität gesammelt. Das Ergebnis war eine schließlich 1887 dem Volkswirtschaftsrat vorgelegte Denkschrift über die „Grundzüge zur Alters- und Invalidenversicherung der Arbeiter"[9], die bereits wesentliche Punkte des späteren Gesetzes enthielt[10].

Der aus diesen Vorarbeiten und den Anregungen des Volkswirtschaftsrates entstandene Gesetzesentwurf wurde nebst ausführlichen Materialien am 15. April 1888 dem Bundesrat vorgelegt; dieser überwies den Entwurf am 19. April 1888 an den IV., VI. und VII. Ausschuß zur gemeinsamen Beratung. Im November 1888 führte das — nachdem durch den doppelten Thronwechsel noch weitere Verzögerungen eingetreten waren[11] — zur Verabschiedung eines in verschiedenen Punkten veränderten Entwurfes, der durch *v. Boetticher* mit der Eröffnung der Reichstagssession 1888/89 am 22. November 1888 als Regierungsentwurf im Reichstag eingebracht wurde[12], wobei der neue *Kaiser Wilhelm II.* in seiner Thronrede in Anknüpfung an die kaiserlichen Botschaften seines Großvaters das Bekenntnis zu einer sozialpolitischen Gesetzgebung erneuerte, um so „auf die Linderung vorhandener wirthschaftlicher Bedrängnisse nach Kräften hinzuwirken und durch organische Einrichtungen die Bethätigung der auf dem Boden des Christenthums erwachsenen Nächstenliebe als eine Pflicht der staatlichen Gesamtheit zur Anerkennung zu bringen"[13].

[8] Huber, Verfassungsgeschichte IV, S. 1202; Peters, S. 51; darin liegt auch der Grund, daß es nicht zur Schaffung einer Einheitsversicherung für alle drei Bereiche kam.

[9] Abgedr. im „Reichsanzeiger" vom 17.11.1887.

[10] Organisatorisch sollte die Versicherung im Rahmen eines Nebenstatuts durch die Berufsgenossenschaft mit durchgeführt werden; die Beitragslast sollten sich Arbeitnehmer und -geber teilen, der Nachweis erfolgter Beitragszahlung sollte durch ein auch im endgültigen Gesetz beibehaltenes Markensystem erbracht werden; dazu Peters, S. 65.

[11] Dazu Huber, Verfassungsgeschichte IV, S. 1202; am 9. März 1888 starb Kaiser Wilhelm I., sein bereits beim Regierungsantritt todkranker Sohn regierte als Kaiser Friedrich III. nur 99 Tage und starb am 15. Juni 1888, ihm folgte dessen ältester Sohn als Kaiser Wilhelm II. auf den deutschen Kaiserthron nach; zu den Personalien ausführlich Huber, Verfassungsgeschichte IV, S. 165 ff. und 178 ff.

[12] Siehe dazu oben Anmerkung 4.

[13] RTSten.Ber. 1888/89, Bd. I, S. 1 f.

Die wesentlichen Punkte des Entwurfes waren:

1. eine Versicherungspflicht für alle Lohnarbeiter und Lehrlinge aus Industrie, Handel und Land- und Forstwirtschaft, sowie untere Betriebsbeamte und Besatzungsmitglieder von See- und Binnenschiffen vom vollendeten 16. Lebensjahr ab (§ 1);
2. der „Anspruch auf Gewährung" einer altersunabhängigen Invaliden- bzw. einer Altersrente mit Vollendung des 70. Lebensjahres (§ 7) bei Wartezeiten von 5 bzw. 30 Jahren (§ 12);
3. eine Mittelaufbringung durch Arbeitgeber, Arbeitnehmer und das Reich zu je 1/3 (§ 14), wobei das Beitragsjahr kürzer als das Kalenderjahr sein sollte (§ 15);
4. Träger der Versicherung sollten neu zu errichtende Landesversicherungsanstalten sein (§§ 30 ff.); die Rechtsaufsicht sollte beim Reichsversicherungsamt (§§ 116 ff.) bzw. bei den Landesversicherungsämtern (§ 119) liegen;
5. die Erhebung der Beiträge sollte durch Verwendung von Beitragsmarken (§§ 87 ff.), Rentenzahlungen sollten vorschußweise durch die örtlich zuständige Postverwaltung erfolgen (§ 79)[14].

Bereits bei der ersten Lesung des Gesetzentwurfes am 6./7. und 10. Dezember 1888[15] kam es zu dem erwarteten Widerstand aus den unterschiedlichsten politischen Richtungen: zur prinzipiellen Gegnerschaft durch Sozialdemokraten und Linksliberale kamen trotz einer grundsätzlichen Zustimmung zu der Idee einer Alters- und Invalidenversicherung Widerstände von seiten des Zentrums gegen den Staatszuschuß und die Einbeziehung des Handwerks und vor allem der Landwirtschaft in den Versicherungszwang, den man dort für grundsätzlich unnötig und finanziell für nicht tragbar hielt[16].

In der VI. Kommission, der der Gesetzentwurf zur weiteren Beratung überwiesen worden war und die nach langwierigen Verhandlungen dem Reichstag Bericht erstattete[17], und in der zweiten[18] und dritten[19] Lesung

---

[14] Dazu ausführlich Rosin, Arbeiterversicherung, S. 44 ff.; Peters, S. 65 f.; Huber, Verfassungsgeschichte IV, S. 1203.

[15] RTSten.Ber. 1888/89, Bd. I, S. 139 ff., 165 ff., 199 ff.; dazu ausführlich Keiner, S. 27 ff.

[16] Simon, S. 67 f.; Huber, Verfassungsgeschichte IV, S. 1203.

[17] RTSten.Ber. 1888/89, Bd. V, Aktenst. Nr. 141, S. 895 ff.; die VI. Kommission hat den Gesetzentwurf in insgesamt 41 Sitzungen behandelt, der Bericht in den Stenographischen Berichten umfaßt allein 243 Seiten!

[18] Die Beratungen begannen am 29. März und endeten am 11. Mai 1889; RTSten.Ber. 1888/89, Bd. II, S. 1089 ff., 1158 ff., 1188 ff., 1221 ff., 1253 ff., 1303 ff. und 1333 ff.; Bd. III, S. 1365 ff., 1395 ff., 1449 ff., 1519 ff., 1548 ff., 1594 ff. und 1644 ff.; Beschlüsse, Bd. VI, Aktenst. Nr. 230, S. 1374 ff. Während der Zweiten Lesung wurden Teile des Entwurfs nochmal an die Kommission zurückver-

im Reichstag selbst erfuhr das Konzept stärker als alle anderen sozialpolitischen Vorlagen dieser Dekade noch starke Modifikationen. Nachdem Bismarck selbst zweimal in die parlamentarische Debatte eingegriffen und die Vorlage und ihre sozialpolitischen Grundlagen vehement verteidigt hatte[20], wurde der Entwurf am 24. Mai in namentlicher Abstimmung mit 185 gegen 165 Stimmen angenommen[21]. Das Gesetz wurde, nachdem auch der Bundesrat seine Zustimmung gegeben hatte, am 22. Juni 1889 verkündet[22]; durch Kaiserliche Verordnung mit Zustimmung des Bundesrates (§ 162 Abs. 2) ist es am 1. Januar 1891 als letztes der drei großen Sozialversicherungsgesetze in Kraft getreten[23].

Das Gesetz entsprach in wesentlichen Punkten dem oben ausführlich vorgestellten Regierungsentwurf; anders gefaßt wurden jedoch insbesondere folgende Bestimmungen:

1. Der Begriff der nicht unfallbedingten Erwerbsunfähigkeit durch den § 9 Abs. 3, was die Annahme ihres Vorliegens erleichtern und stärkere Berücksichtigung des bisherigen individuellen Verdienstes ermöglichen sollte;
2. die Ersetzung der Orts- durch 4 Lohnklassen (§ 23);
3. eine Beitragsrückerstattung bei Nichtinanspruchnahme durch versicherte Frauen bei Verheiratung (§ 30) bzw. durch Witwen nach dem Tod des versicherten Ehemannes und durch minderjährige „vaterlose Kinder“ beim Tod der versicherten Mutter (§ 31);
4. die Mittelaufbringung durch Arbeitgeber und Arbeitnehmer zu gleichen Teilen (§§ 19, 116), bei einem Reichsanteil durch einen Zuschuß zu jeder Rente in Höhe von 50,— M jährlich (§ 26);

wiesen, Anträge Bd. VI, Aktenst. Nr. 196, S. 1223, der Bericht hierauf erfolgte mündlich; dazu auch Rosin, Arbeiterversicherung, S. 52.

[19] Die Beratungen dauerten vom 17.—24. Mai 1889; RTSten.Ber. 1888/89, Bd. III, S. 1781 ff., 2001 ff.; Beschlüsse, Bd. VI, Aktenst. Nr. 270, S. 1485 ff.

[20] In der Zweiten Lesung am 29.3.1889, RTSten.Ber. 1888/89, Bd. II, S. 1112 f., wies Bismarck scharf die Verdächtigung mangelnden sozialpolitischen Engagements zurück; in der Dritten Lesung ergriff er am 18.5.1889 noch einmal — das letzte Mal während seiner am 20.3.1890 endenden Amtszeit überhaupt — in die parlamentarische Debatte ein, RTSten.Ber. 1888/89, Bd. III, S. 1831 ff., und appellierte nach scharfen Angriffen gegen die Sozialdemokratie und die Freisinnigen an alle „konservativen Parteien“ (S. 1836), zum Schutz von Staat und Reich für das Gesetz zu stimmen.

[21] RTSten.Ber. 1888/89, Bd. III, S. 2001 ff.; für das Gesetz stimmten die Konservativen, die Nationalliberalen und — entscheidend — 15 Mitglieder des Zentrums; dagegen stimmten die Mehrheit des Zentrums, Freisinnige, Welfen, Elsaß-Lothringer und — aus prinzipieller Gegnerschaft — die Sozialdemokraten; dazu auch Huber, Verfassungsgeschichte IV, S. 1204, der aber ein falsches Abstimmungsergebnis nennt.

[22] Gesetz, betr. die Invaliditäts- und Altersversorgung, vom 22. Juni 1889, RGBl S. 97 ff.

[23] VO über die Inkraftsetzung des Gesetzes, betr. die Invaliditäts- und Altersversicherung vom 22. Juni 1889, vom 25. November 1890, RGBl S. 191.

5. der von der Rentenanstalt aufzubringende Rentenanteil, der sich bei der Invalidenrente in einen „Grundbetrag“ von 60,— M und einen von Beitragsdauer und Lohnklasse abhängigen Betrag gliederte, und der bei der Altersrente nur von Beitragsdauer und Lohnklasse abhängig war (§ 26);
6. Übergangsbestimmungen für einen Rentenanspruch bereits vor dem Ablauf der Wartezeit (§ 156);
7. die Durchführung durch rechtlich selbständige Versicherungsanstalten mit begrenzten Bezirken (§§ 41 ff.), für deren Verbindlichkeiten die örtlich zuständigen Kommunalverbände bzw. die einzelnen Bundesstaaten hafteten (§ 44)[24].

In der Durchführung zeigte das Gesetz jedoch Mängel und führte zu Schwierigkeiten, so daß bereits 1896[25] und 1897[26] Entwürfe für seine Novellierung im Reichstag eingebracht wurden. Alle diese Initiativen blieben jedoch erfolglos[27], erst ein am 19. Januar 1899 durch den *Grafen zu Posadowsky* vorgelegter Regierungsentwurf[28] wurde vom Reichstag am 15. Juni 1899 verabschiedet und am 13. Juli 1899 verkündet[29]. Das neugefaßte, nunmehr „Invalidenversicherungsgesetz“ genannte Versicherungswerk trat am 1. Januar 1900 in Kraft und blieb bis zur Einführung der *Reichsversicherungsordnung* im Jahre 1911 unverändert[30].

---

24 Dazu ausführlich Rosin, Arbeiterversicherung, S. 52 ff.; Peters, S. 63 ff.; Wannagat, S. 68 f.

25 RTSten.Ber. 1895/97, Anl. Bd. III, Aktenst. Nr. 464 und Anl. Bd. V, Aktenst. Nr. 539, S. 2302; bereits 1891, RGBl S. 395 ff., und 1894, RGBl S. 329 ff., war durch Bundesratsbeschluß die Versicherungspflicht auf Hausgewerbetreibende der Tabak- und Zigarettenfabrikation und die Arbeiter der Textilindustrie ausgedehnt worden; dazu ausführlich Keiner, S. 34 ff.

26 Entwurf eines Invalidenversicherungsgesetzes, vorgelegt durch den Reichskanzler Fürst zu Hohenlohe vom 26. Februar 1897, RTSten.Ber. 1895/97, Anl. Bd. VI, Aktenst. Nr. 696, S. 3462 ff. und Aktenst. Nr. 776, S. 4169 ff.

27 RTSten.Ber. 1898/1900, Anl. Bd. I, Aktenst. Nr. 93, S. 589 ff.; die Änderungsvorschläge brachten u.a. eine erneute Erweiterung des pflichtversicherten Personenkreises, eine neue Abgrenzung des Begriffs der Erwerbsunfähigkeit, eine Neuregelung des Vermögensausgleichs zwischen den einzelnen Versicherungsträgern und die Einführung der 5. Lohnklasse. Dem Entwurf war zusätzlich eine umfassende Denkschrift über die finanziellen Auswirkungen des Gesetzes beigefügt.

28 RTSten.Ber. 1898/1900, Bd. III, S. 2551; die diesmal nicht namentliche Abstimmung, RTSten.Ber. a.a.O., S. 2561, brachte eine „fast einstimmige Annahme“ des Gesetzentwurfs.

29 RGBl S. 393 ff.; die Bekanntmachung des Textes der Neufassung gemäß § 163 Abs. 3 des Invalidenversicherungsgesetzes erfolgte unter dem 19. Juli 1899, RGBl S. 463 ff.

30 Peters, S. 67.

III. Zusammenfassung

Mit dem Inkrafttreten des Alters- und Invalidenversicherungsgesetzes am 1. Januar 1891 als dem letzten der drei großen Sozialversicherungsgesetze und den mit ihnen zusammenhängenden weiteren Versicherungsgesetzen — Ausdehnungsgesetz, Landwirtschaftsgesetz, Ausweitung der Unfallversicherung — hatte das Deutsche Reich die Grundvoraussetzung für die bis heute vorrangige Aufgabe einer sozialen Absicherung breiter — und dabei insbesondere der wirtschaftlich schwachen — Bevölkerungskreise im Alter und gegen Krankheiten und Unfälle geschaffen. Die Gesetzgebung der Jahre 1881 bis 1890 war dabei der erste bewußte und gezielte Versuch, der durch die industrielle Revolution bewirkten radikalen Veränderung der sozialen Struktur innerhalb der Gesellschaft mit ihrem revolutionären Potential zu begegnen. Die Sozialpolitik war dabei jedoch in erster Linie nicht von einem rein fürsorgerischen Interesse geprägt, sondern zielte als Staatspolitik primär auf die Erhaltung des Staatswesens in seiner verfassungsmäßig vorgegebenen Form durch den Versuch, die Gesellschaft durch staatliche Maßnahmen wieder zu vereinen.

Dritter Teil

Die verfassungsrechtliche Qualität der Sozialgesetzgebung

I. Die Rechtsprinzipien der Sozialversicherungsgesetze

Bevor in die verfassungsrechtliche Beurteilung der Bismarckschen Sozialversicherungsgesetzgebung eingetreten werden kann, ist es erforderlich, ihre Rechtsprinzipien und damit die Charakteristika, die sie von alten Regelungen — soweit diese überhaupt vorhanden waren — unterscheiden, herauszuarbeiten[1].

Die für die vorliegende Untersuchung entscheidenden Merkmale aller Sozialversicherungsgesetze sind — ungeachtet ihrer Unterschiede in Geltungsbereich, Organisation und Trägerschaft im einzelnen —:

1. ein *staatlicher Für- oder Vorsorgecharakter*
2. eine *Versicherungspflicht*[2] und
3. ein *öffentlich-rechtlicher Anspruch* des Versicherten,

wobei ein besonderes Gewicht auf den Fakten zu 1 und 3 liegt.

1. Der staatliche Für- oder Vorsorgecharakter

Bereits unmittelbar nach Inkrafttreten der drei großen Sozialversicherungsgesetze wurde in der Literatur mehrheitlich zu Recht auf ihre mißverständliche Etikettierung als „Versicherungen" hingewiesen, mit denen sie aber in der Tat außer der Tatsache „der Sicherung vor wirtschaftlichen Übeln"[1] inhaltlich nichts gemeinsam hätten[2].

---

[1] Zu den Einzelheiten der Gesetze vergleiche die Entstehungsgeschichte oben, 2. Teil, Abschnitt II, Kapitel 2—7.

[2] Richtiger wäre der Begriff der „Versicherungspflichtigkeit", wie Laband, Staatsrecht, S. 287 und dort Anm. 2, zutreffend hervorhebt.

[1] So z.B. Laband, Staatsrecht, S. 286; Seydel, S. 6.

[2] So u.a. Haenel, Staatsrecht I, S. 694 ff.; Jellineck, System der subjektiven-öffentlichen Rechte, S. 268; Laband, Staatsrecht, S. 286 f.; Lewis, S. 344 ff.; Rehm, AöR, Bd. 5 (1890), S. 529 ff.; Rosin, S. 255 ff. alle m.w.N.; aus dem neueren Schrifttum dazu Neumeister, S. 193 ff.; ausführlich die Monographie Schäfers, S. 1 ff. und passim; ob der Grund für die „falsche Bezeichnung" allerdings tatsächlich in einem Streit Bismarcks mit einer privaten Versicherungsgesellschaft über die Prämienhöhe und angeordnete Feuerschutzmaßnahme auf seinem Landgut zu suchen ist, wie Neumeister, S. 292 f., vermutet, was neben anderen Erfahrungen dazu geführt habe, daß Bismarck sich „standhaft weigerte, zur Kenntnis zu nehmen, was eine Versicherung eigentlich ist und

Alle Kritiker folgern dies aus dem besonderen Charakter der Rechtsbeziehungen in der Sozialversicherung, die einerseits zwischen den Trägern der Versicherung und den versicherten Arbeitnehmern, andererseits aber auch zwischen den Versicherungsträgern und der Gruppe der Beitragsleistenden bestehen.

Zu Recht fordert *Neumeister*, „den Begriff der Versicherung von allem ideologischen Netzwerk" zu befreien[3]: Sie sei nichts als eine Ware, die gekauft und verkauft werde und bei der der Käufer für sein gutes Geld niemandem helfen, sondern eine entsprechende Gegenleistung erwarte. Prämie und Leistung seien — jedenfalls ungefähr — äquivalent und nur auf dieser Basis der Äquivalenz gebe es überhaupt eine „normale Versicherung — entweder in der Form als Katastrophenversicherung im Wege des Risikoausgleichs oder als Spar-Versicherung für die Altersversorgung"[4]. Im Gegensatz zu diesen durch „Leistung und Gegenleistung wie bei den Obligationen des Privatrechts"[5] gekennzeichneten zweiseitigen Schuldverhältnissen steht die Rechtskonstruktion in den Sozialversicherungsgesetzen bei aller Verschiedenartigkeit im einzelnen mit ihrem öffentlich-rechtlichen oder „publizistischen"[6] Grundzügen. Ausschließlich öffentlich-rechtlich konstruiert sind dabei jedoch nur das Unfallversicherungsgesetz und das diesem insoweit verwandte Alters- und Invalidenversicherungsgesetz[7], während das Krankenversicherungsgesetz als das erste der drei großen Sozialversicherungsgesetze eine Kombination ineinandergreifender Bestimmungen von privatem und öffentlichem Recht darstellt[8], wobei allerdings auch dort die öffentlich-

wie sie funktioniert" — eine Einschätzung, die auch für die hohen Beamten in dem für die Sozialversicherung zuständigen Ministerien und die sie beratenden Professoren gegolten haben soll —, ist jedoch nicht sehr glaubhaft; a.A. sind etwa Menzel, Die rechtliche Natur der Unterstützungsansprüche aus den Reichsgesetzen über die Kranken- und Unfallversicherung der Arbeiter, Kohler und Ring's Archiv für Bürgerlichen Recht, Bd. 1, S. 327 ff.; Kühne, Der Charakter und die systematische Stellung des Arbeiterversicherungsrechts, ZfHR Bd. 37, S. 68 ff.; Piloty, Reichsunfallversicherungsrecht, S. 163 ff.; dagegen wiederum Laband, Staatsrecht, S. 287 und dort Anm. 1).

[3] Neumeister, S. 192 ff., 195; das ist im übrigen bereits in der oben in Anm. 1 aufgeführten Literatur geschehen.

[4] Neumeister, S. 195; ähnlich auch bereits Lewis, S. 18 ff.; Rehm, AöR Bd. 5, S. 530 ff., 550.

[5] So etwa Laband, Staatsrecht, S. 286; in diesem Sinne auch Rosin, S. 255 und passim; Haenel, Staatsrecht I, S. 694 f.

[6] Laband, Staatsrecht, S. 286; dazu auch Wertenbruch, S. 115, der das Sozialversicherungsverhältnis als eine „erzwungene Rechtsbeziehung öffentlich-rechtlicher Art" kennzeichnet, bei dem sich Rechte und Pflichten ausschließlich aus formell-gesetzlichen Regelungen oder aus der Satzung eines körperschaftlich organisierten Trägers ergäben. Dabei sei entscheidend, daß diese Normen unabdingbar und daher von den Beteiligten oft nicht „individualisierbar" seien.

[7] Haenel, Staatsrecht I, S. 697, 704; Laband, Staatsrecht, S. 294; Lewis S. 346 ff., insbes. S. 348.

[8] Dazu Haenel, Staatsrecht I, S. 696 f.; Lewis, S. 337 ff., insbes. S. 340 f.

rechtliche Komponente überwiegt. Die Öffentlich-Rechtlichkeit ergibt sich insbesondere aus der Art, der Fürsorgecharakter dagegen aus dem Umfang der staatlichen Trägerschaft der einzelnen Versicherungen.

a) Das Krankenversicherungsgesetz

Träger der Krankenversicherung waren im wesentlichen die Ortskrankenkassen[9], die gem. §§ 16, 43 KVG in der Regel für in bestimmten Gewerbezweigen bzw. Betriebsarten — ausnahmsweise auch in mehreren Gewerbezweigen bzw. Betriebsarten — beschäftigte Arbeitnehmer durch einzelne oder auch mehrere Gemeinden zusammen oder durch Kommunalverbände zu errichten waren. Rechtlich waren die Ortskrankenkassen zwar selbständige „Korporationen", faktisch jedoch juristische Person des öffentlichen Rechts[10] mit einer von den Gemeindebehörden nach Anhörung der Beteiligten selbst oder ihren Vertretern errichteten und von der höheren Verwaltungsbehörde zu genehmigenden Satzung — dem „Kassenstatut" (§ 23 ff. KVG) —, die bestimmten gesetzlichen Anforderungen zu genügen hatte[11]. Im übrigen standen die Ortskrankenkassen unter der laufenden Aufsicht durch von den Landesregierungen dazu bestimmte Behörden oder die Gemeindebehörden; die Oberaufsicht oblag in jedem Fall den höheren Verwaltungsbehörden (§ 44 KVG)[12].

Formal hatten die so errichteten Ortskrankenkassen den Charakter von Versicherungsgesellschaften[13], d.h., sie beruhten „auf der Grundlage des Prinzips der (Katastrophen-)Versicherung auf Gegenseitigkeit"[14], tatsächlich stellten sie „verkappte" staatliche Fürsorgeeinrichtungen dar. Eine „reine" Versicherungsgesellschaft auf Gegenseitigkeit bestand nämlich deshalb nicht, weil „Mitgliedschaft, Beitragspflicht und Unterstützungsanspruch sich nicht nothwendig deckten"[15], eine Folge der Bestimmung, daß Arbeitnehmer und -geber zur Entrichtung der Krankenver-

---

[9] Daneben blieben die alten Krankenversicherungsträger, soweit sie den gesetzlichen Voraussetzungen des Krankenversicherungsgesetzes entsprachen, bestehen, §§ 73 ff.; dazu eingehend Stier-Somlo, S. 181 f. mit ausführlichem Zahlenmaterial.

[10] Stier-Somlo, Sozialgesetzgebung, S. 182 f.

[11] So Lewis, S. 341.

[12] Das waren z.B. in Preußen die Regierungspräsidenten für die Städte, die Landräte für die Gemeinden; in Bayern die Gemeindebehörden in den Städten, im übrigen die Bezirksämter; in Sachsen der Stadtrat, Gemeinderat oder die Amtshauptmannschaft; in Württemberg die Gemeindebehörden bzw. das Oberamt; in Baden in der Regel das Bezirksamt; dazu ausführlich Stier-Somlo, Arbeiterversicherung, S. 252 m.w.N.

[13] Dazu die allgemeine Begriffsbestimmung oben Kapitel 1.

[14] Bödiker, Arbeiterversicherung, S. 1; Lewis, S. 340; die Charakterisierung als „Katastrophenversicherung" nach der Terminologie Neumeisters, S. 195.

[15] So bereits zu Recht Rehm, AöR Bd. 5, S. 540.

sicherungsbeiträge gemeinschaftlich verpflichtet waren (§ 52 KVG). Die Arbeitgeber waren damit teilweise „Versicherungsnehmer“ ohne selbst Ansprüche gegen die Krankenkassen zu haben, die Arbeitnehmer waren die eigentlichen „Versicherten“, gleichzeitig aber nur teilweise „Versicherungsnehmer“[16].

Hinzu kommt, daß auch das generell vorhandene, für die Versicherung charakteristische Prinzip der Entgeltlichkeit[17] — die Leistung von Beiträgen für die Risikoübernahme durch die Krankenkasse — mit der Befreiungsmöglichkeit von der Beitragspflicht durch § 52 KVG eine Durchbrechung erfuhr, die die Krankenversicherung insoweit vollends zu einem rein staatlichen „Garantievertrag“[18] werden ließ. Der dadurch zum Ausdruck kommende öffentliche Fürsorgecharakter der Krankenversicherung folgt schließlich auch daraus, daß der Anspruch auf Leistung allein durch die Tatsache der Beschäftigung in einem versicherungspflichtigen Betrieb erworben wurde, unabhängig davon, ob die Beiträge[19] wirklich gezahlt wurden, beigetrieben werden konnten oder gar uneinbringlich waren[20]. Nach § 28 KVG verloren darüber hinaus Kassenmitglieder bei Erwerbslosigkeit nicht ihren — wenn auch zeitlich begrenzten — Anspruch auf die gesetzliche Mindestleistung aus der Krankenversicherung.

Schließlich hatte die Gemeinde neben ihrer Aufsichtspflicht eine gewisse staatliche „Garantiefunktion“ durch die in § 9 Abs. 2 KVG getroffene gesetzliche Vorschußpflicht bei einem Nichtausreichen der Bestände der Krankenversicherungskasse zur Deckung fälliger Ausgaben zu erfüllen, soweit sie nicht sogar selbst Trägerin der Krankenversicherung in der Form der Gemeindekrankenversicherung wurde[21]. Diese vom

---

[16] Rehm, AöR Bd. 5, S. 540; ähnlich auch Laband, Staatsrecht, S. 288; daß man dieser Argumentation nicht mit dem Hinweis auf den privatrechten Vertrag zugunsten Dritter, § 328 Abs. 1 BGB, begegnen kann, hat bereits Rosin, S. 262, zu Recht herausgestellt.

[17] Zu dem Prinzip der Entgeltlichkeit ausführlich Lewis, S. 19 ff.; insbes. S. 20; Rosin, S. 257 ff.

[18] Rehm, AöR Bd. 5, S. 542, unter Berufung auf die Definition bei Lewis, S. 19; zum Problem der Entgeltlichkeit ausführlich Rosin, S. 257 ff.

[19] Deswegen bei diesen Beiträgen bereits von einer besonderen „Steuer“ oder gar „Interessensteuer, die von den Nächstbetheiligten“ aufgebracht werde, zu sprechen — so Rehm, AöR Bd. 5, S. 545, 535 f. unter Berufung auf Rosin, Recht der öffentlichen Genossenschaft, S. 63 und Lewis, S. 344; ähnlich Laband, Staatsrecht, S. 294, der aber vorsichtiger von Beiträgen nach „Art einer Abgabe oder Beisteuer“ spricht — ist meines Erachtens unrichtig. Das Wesen von Steuern liegt nach der Legaldifinition des § 1 ReichsabgabenO, § 8 AO gerade darin, daß sie von öffentlich-rechtlichem Gemeinwesen *ohne* Gegenleistung im wesentlichen zur Steigerung der öffentlichen Einkünfte erhoben werden; zum Begriff der Steuer ausführlich BVerfGE 3, 407 ff. (435); 7, 244 ff. (251).

[20] Rosin, S. 263; Rehm, AöR Bd. 5, S. 545 f.; Stier-Somlo, Arbeiterversicherung, S. 183 f.

[21] Dazu ausführlich Stier-Somlo, Arbeiterversicherung, S. 240 ff. (241).

Gesetzgeber in den §§ 4 ff. KVG als „subsidiäre Institution“[22] vorgesehene und nur übergangsweise zu installierende Kasse besaß nicht einmal mehr eine eigene Rechtspersönlichkeit als „Korporation“, sondern war als Verwaltungszweig der Gemeinde durch deren Organe direkt und unentgeltlich (§ 9 Abs. 3 KVG), d.h. „aus eigenen Gemeindemitteln, nicht aus dem Beitragsaufkommen der Gemeindekrankenkasse“[23], zu führen.

b) Das Unfallversicherungsgesetz

Noch eindeutiger als beim Krankenversicherungsgesetz traten beim Unfallversicherungsgesetz das öffentlich-rechtliche Element und der Fürsorgecharakter in den Vordergrund. Die ausschließlich „als öffentliches Recht konstruierte Versicherung“[24] legte dem Unternehmer eines versicherungspflichtigen Betriebes die generelle Verpflichtung auf, die mit der Arbeit verbundene Unfallgefahr für in dem Betrieb beschäftigte Arbeiter zu tragen, da er sich andererseits auch „den ökonomischen Wert ihrer Arbeitsleistungen“ aneigne[25]. Dieser im Prinzip bereits im alten Haftpflichtrecht[26] verankerte und nunmehr erweiterte Gedanke einer öffentlich-rechtlichen Gefährdungshaftung strengster Prägung[27] wurde durch „die Kombination eines öffentlich-rechtlichen Versicherungs- und Haftpflichtverhältnisses“ verwirklicht[28].

Daß es sich auch hier nicht um eine „richtige“ Versicherung handelte, folgt wiederum aus der Tatsache, daß erstens auch hier der Anspruch auf Leistung nur durch die Tatsache der Beschäftigung in einem unfallversicherungspflichtigen Betrieb erworben wurde[29] und daß zweitens die Leistung der Unfallrenten unabhängig von der tatsächlichen Entrichtung der Beiträge[30] erfolgte.

---

[22] Zum Verhältnis der Krankenkassen zueinander, Laband, Staatsrecht, S. 292.

[23] Stier-Somlo, Arbeiterversicherung, S. 241 m.w.N.; das bedeutete, daß die Gemeinde alle entstehenden Kosten für Räume, deren Einrichtung und Unterhaltung, Personal, sachliche Ausstattung, Prozeßkosten etc. zu bestreiten hatte; dazu auch Rosin, Arbeiterversicherung, S. 259 f.

[24] Haenel, Staatsrecht I, S. 697; Laband, Staatsrecht, S. 294, spricht davon, daß die Unfallversicherung „mit den Mitteln und den Formen des öffentlichen Rechts durchgeführt“ werde; gegen den Begriff der „Versicherung“ hierbei ausführlich Lewis, S. 346 ff.

[25] So Laband, Staatsrecht I, S. 294; ähnlich auch Wannagat, NJW 1960, S. 1602.

[26] Haftpflichtgesetz vom 7. Juni 1871, RGBl S. 207, dazu ausführlich oben Erster Teil, Abschnitt I.4.c); Lewis, S. 347.

[27] So Wannagat, NJW 1960, S. 1600 u. 1602.

[28] Haenel, Staatsrecht I, S. 695 und dort Anm. 3.

[29] So zu Recht Rosin, Arbeiterversicherung, S. 263; Rehm, AöR Bd. 5, S. 555 f.; Stier-Somlo, Arbeiterversicherung, S. 183 f.

[30] Rehm, AöR Bd. 5, S. 555.

Organisatorisch gehörten die Unternehmen kraft Gesetzes einer „Berufsgenossenschaft“ (§ 9 UVG) genannten und mit einer umfassenden Selbstverwaltung ausgestatteten (§§ 11 ff. UVG) „öffentlich-rechtlichen Korporation“[31] an, die innerhalb bestimmter Bezirke und für bestimmte Industriezweige errichtet wurden und die gegen die Zahlung von Prämien die Entschädigungspflicht gegenüber den Arbeitnehmern übernahmen[32]. „Versicherte“ waren die Arbeitnehmer nur insoweit, als sie die aus der gesetzlichen Haftpflicht der Berufsgenossenschaften Berechtigten waren[33]. Als staatliche Aufsichtsbehörde der Berufsgenossenschaften fungierten das neu geschaffene Reichsversicherungsamt (§§ 87 ff. UVG) bzw. Landesversicherungsämter (§§ 92 f. UVG), die darüber hinaus verwaltende und quasi verwaltungs- oder aus heutiger Sicht sozialgerichtliche Funktionen[34], vor allem durch die letztinstanzliche Entscheidung in wichtigen Fällen schiedsgerichtlicher Urteile über streitige Entschädigungsansprüche gem. § 63 UVG, zu erfüllen hatten[35].

Daneben hatten die Berufsgenossenschaften die fortgesetzt bestehende wichtige Befugnis, „Unfallverhütungsvorschriften“ zu erlassen (§§ 78 ff. UVG)[36] und durch Beauftragte überwachen zu lassen (§§ 82 ff. UVG); diese „genossenschaftlichen Verordnungen“ hatten jedoch nicht den Charakter von Polizeiverordnungen, sondern stellten lediglich eine Ergänzung zu den in der Gewerbeordnung oder in den Landesgesetzen konstituierten Ermächtigungen zum Erlaß von gewerbe- und sicherheitspolizeilichen Verordnungen dar[37]: Sie begründeten deshalb nur Verpflichtungen der Unternehmer gegenüber der Genossenschaft. Zur Durchsetzung dieser Verpflichtungen konnten die Unternehmer sogar auf Antrag durch von den unteren Verwaltungsbehörden verhängte Geldstrafen „zur Erfüllung der ihnen auferlegten gesetzlichen Verpflichtungen angehalten werden“.

[31] So ausdrücklich Lewis, S. 347 f.; Rosin, Arbeiterversicherung, S. 60; Haenel, Staatsrecht I, S. 698, spricht von „reichsunmittelbaren Verbänden“; Wannagat, NJW 1960, 1601, etwas schwammig von einer „öffentlich-rechtlichen Solidargemeinschaft“.

[32] Nach Wannagat, NJW 1960, 1601 m.w.N. wird die Unfallversicherung von den Gedanken der „Ablösung der zivilrechtlichen Ansprüche der Arbeitnehmer gegenüber den Arbeitgebern und der Fürsorgepflicht der Arbeitgeber beherrscht“, wobei letzterer mehr in den Vordergrund trete.

[33] Haenel, Staatsrecht I, S. 695 und dort Anm. 3.

[34] Dazu auch Laband, Staatsrecht, S. 301, der von „richterlicher Funktion“ spricht.

[35] Siehe oben Zweiter Teil, Abschnitt II.5.; das Verfahren sollte durch eine mit Zustimmung des Bundesrates zu erlassene Kaiserliche Verordnung geregelt werden, eine derartige Verordnung erging jedoch erst am 19. Oktober 1900, RGBl S. 983.

[36] Auf diese besonders wichtige öffentliche Aufgabe, bereits präventiv und nicht erst reagierend tätig zu werden, wurde bereits oben Zweiter Teil, Abschnitt II.5. hingewiesen.

[37] Dazu Laband, Staatsrecht, S. 299.

Der Fürsorgecharakter[38] der Unfallversicherung kommt — nachdem sich Bismarcks Bestrebungen nach einem direkten Reichszuschuß zu den Beiträgen nicht verwirklichen ließen[39] — im wesentlichen durch die finanzielle Beteiligung des Reiches an ihrer organisatorischen Durchführung zum Ausdruck. Nach den §§ 69 ff. UVG erfolgte die Leistung der festgestellten Entschädigung an die Berechtigten vorschußweise auf Anweisung des Genossenschaftsvorstandes durch die Reichspostverwaltung, ohne daß die Berufsgenossenschaften eine Verzinsung leisteten oder für die der Post entstehenden Verwaltungskosten aufkommen mußten.

Der entscheidende Punkt war jedoch die vom Reich in § 33 UVG übernommene „Garantie" für die Berufsgenossenschaften, da für den Fall ihrer Auflösung wegen wirtschaftlicher Leistungsunfähigkeit sämtliche Verpflichtungen ebenso wie alle Rechtsansprüche auf das Reich übergingen[40].

c) Das Alters- und Invaliditätsversicherungsgesetz

Die nach herrschender Auffassung ebenfalls ausschließlich öffentlich-rechtliche Invaliditäts- und Altersversicherung[41] wurde durch territorial gegeneinander abgegrenzte Versicherungsanstalten (§ 41 JAVG) als reichsunmittelbare öffentlich-rechtliche Körperschaften[42] getragen. Als Ausdruck dieses öffentlich-rechtlichen Charakters besaß der Vorstand, der durch einen oder mehrere Beamte des die Versicherungsanstalt errichtenden Kommunalverbandes oder Bundesstaats gebildet wurde, „die Eigenschaft einer öffentlichen Behörde" (§ 47 JAVG). Die Versicherungsanstalten hafteten ihren Gläubigern mit ihrem Vermögen; daneben traf den errichtenden Kommunalverband bzw. den Bundesstaat eine „Ausfallhaftung" gem. § 44 Abs. 1, 67 Abs. 2 JAVG.

Wie bei der Unfallversicherung erfolgte die Rechtsaufsicht über die einzelnen Versicherungsanstalten durch das Reichsversicherungsamt in Berlin (§ 131 JAVG), soweit nicht einzelne Bundesstaaten von der durch das Unfallversicherungsgesetz vom 6. Juli 1884 (§ 92 UVG) gegebenen Ermächtigung Gebrauch gemacht und Landesversicherungsanstalten errichtet hatten (§ 134 JAVG). Das Reichsversicherungsamt in Berlin wurde daneben in doppelter Funktion „verwaltungsgerichtlich"[43] tätig: Es war

[38] Neben dem sozialistischen Gedanken der Fürsorgepflicht der Arbeitgeber, Wannagat, NJW 1960, 1601.

[39] Siehe oben die Entstehungsgeschichte, Zweiter Teil, Abschnitt II.5.

[40] Dazu auch Haenel, Staatsrecht I, S. 699 f. und oben S. 75.

[41] Dazu etwa Haenel, Staatsrecht I, S. 704; Laband, Staatsrecht, S. 303 f.; Lewis, S. 353.

[42] So Haenel, Staatsrecht I, S. 704; ähnlich auch Lewis, S. 352 f., der von „staatlichen Anstalten ... mit selbständiger Persönlichkeit" ähnlich den städtischen Sparkassen spricht.

[43] So Haenel, Staatsrecht I, S. 704/705 und 707 f.; Wannagat, S. 70, spricht

sowohl Revisionsinstanz gegen Entscheidungen der Schiedsgerichte über Rentenfeststellungsbescheide (§§ 79 ff. JAVG) als auch Beschwerdeinstanz gegen Entscheidungen bei vermögensrechtlichen Streitigkeiten zwischen mehreren Versicherungsanstalten (§ 133 Abs. 1 Nr. 1 u. 2 JAVG), insbesondere über die durch das neu geschaffene „Rechnungsbüreau" vorzunehmende Rentenverteilung (§§ 88 ff. JAVG)[44].

Der Fürsorgecharakter der Versicherung wurde bereits bei der Vorlage des Regierungsentwurfs im Reichstag am 22. November 1888 in dessen amtlicher Begründung ausdrücklich betont[45]; der Zweck des Gesetzes wird dabei definiert als „Fürsorge bei Erwerbsunfähigkeit — ohne Rücksicht auf das Lebensalter — in allen Fällen, in denen diese, ohne daß eine Deckung durch reichsgerichtliche Unfallversicherung vorhanden ist, nachweisbar ist (Invaliditätsversicherung), sowie als Fürsorge von einem bestimmten Lebensjahr an auch ohne Nachweis von Invalidität (Altersversicherung)"[46]. Damit erkannte das Reich grundsätzlich die Fürsorge für erwerbsunfähige und altersschwache Arbeitnehmer als „Staatsaufgabe, nicht als eine (bloße) Gegenleistung für die eingezahlten Beiträge", ausdrücklich an[47].

Materiell-rechtlich verwirklichte sich der Gedanke der staatlichen Fürsorge naturgemäß insbesondere durch Art und Umfang der gewährten Leistungen durch die Invaliden- bzw. Altersrente (§§ 9 ff. JAVG). Diese Renten stellten nämlich — wie oben bereits für die Kranken- und Unfallversicherung dargestellt[48] — kein für ein Versicherungsverhältnis maßgebliches Äquivalent für durch den Anspruchsberechtigten erbrachte Beitragsleistungen dar. Dies war nach *Laband* auch unmöglich, „denn die wesentliche Voraussetzung (war) vielmehr die Teilnahme des Berechtigten an der produktiven nationalen Arbeit"; damit standen sich „getreue Erfüllung eines Lebensberufs, (dadurch) ein der nationalen Gesamtheit geleisteter Dienst", und eine „Fürsorge der Gesamtheit für die in diesem Dienst erwerbsunfähig gewordenen Personen" gegenüber[49] —

richtiger von dem Reichsversicherungsamt als eine „Rechtsprechungsinstanz", eine Funktion, die dieses Amt und seine Nachfolger bis zur Schaffung des Sozialgerichtsgesetzes vom 3. September 1953 (BGBl. I, S. 1239) mit seinem dreistufigen Gerichtsaufbau behielt; dazu auch Rohwer-Kahlmann, NJW 1960, S. 1641.

[44] Die Entscheidung war in jedem Falle endgültig; dazu auch Haenel, Staatsrecht I, S. 705; Laband, Staatsrecht, S. 311; für das Verfahren (§ 133 Abs. 3 JAVG) gilt das oben unter b) für die Unfallversicherung Gesagte; die gesetzlich vorgesehene Kaiserliche Verordnung erging erst am 19. Oktober 1900, RGBl S. 983.

[45] Reichstag Sten.Ber. 1888/89, Bd. IV, 1. Anlageband, Aktenstück Nr. 10, S. 49 ff.

[46] Keiner, S. 18; Begründung, RTSten.Ber. 1888/89, Bd. IV, S. 49 (Heraushebung vom Verfasser).

[47] So Laband, Staatsrecht, S. 304.

[48] Siehe oben die Kapitel a) und b).

die Rente hatte demnach eine von der Gesellschaft gewährte „Belohnungsfunktion". Folglich stellten die auch noch auf Arbeiter und Unternehmer zu je ½ verteilten Beiträge nur eine Teilleistung für die zwar niedrigen aber immer noch höheren als dem Kapitalwert der angesammelten Beiträge an sich entsprechenden Renten dar. Ein großer Teil der Kostenlast wurde durch den Staat — und damit über die Steuerlast durch die gesamte Gesellschaft — getragen[50], indem er für jede Rente einen festen jährlichen Zuschuß von 50,00 M leistete (§ 26 JAVG). Als Rechtfertigung wurde in den Motiven zum Gesetzentwurf „eine erhebliche Erleichterung einer anderen öffentlichen Last, der öffentlichen Armenpflege" in Aussicht gestellt, was vor allem eine gleichmäßige Abwälzung der Armenlast von den bisherigen ungleichmäßig belasteten Trägern, den kommunalen Armenverbänden, auf das ganze Reich bewirken würde[51].

Ein Ausdruck staatlicher Fürsorge — allerdings nur für die Anlaufphase der Versicherung — waren daneben die Übergangsbestimmungen der §§ 156, 157 JAVG, wonach in bestimmten Fällen eine Anrechnung der Zeit vor dem Inkrafttreten des Gesetzes für die gesetzliche Wartezeit erfolgte, ohne daß überhaupt Beiträge geleistet worden waren[52].

Eine weitere finanzielle Belastung trug der Staat wie bei der Unfallversicherung dadurch, daß er sich für die Rentenzahlungen der staatlichen Postverwaltung bediente. Nach §§ 91 ff. JAVG erfolgten nämlich Rentenauszahlungen auf Anweisung des Vorstandes der örtlich zuständigen Versicherungsanstalt vorschußweise durch die örtlichen Postanstalten, wobei auch in diesem Fall die Versicherungsanstalten keine Verzinsung zu leisten[53] oder für die der Post entstehenden Verwaltungskosten aufzukommen hatten.

---

[49] Staatsrecht, S. 304; eine aus heutiger Sicht insgesamt sehr idealisierende Darstellung, vor allem wenn man die absolute Höhe der Rentenbeträge betrachtet: die Altersrenten betrugen etwa 1908 9.50—13,00 M monatlich, der Fürsorgesatz betrug dagegen 12,00—14,00 M; 1913 betrugen die Durchschnittsrente 13,60 M, die Witwenrente 6,80 M und die Waisenrente 2,70 M monatlich; dazu ausführlich Neumeister, S. 212 f. m.w.N.

[50] Nach Laband, Staatsrecht, S. 304, erhob der Staat Beiträge nur, „um diese Aufgabe ohne unerträgliche Überbürgung der anderen Berufsstände erfüllen zu können"; dazu auch die Begründung zum Gesetzesentwurf, RTSten.Ber. 1888/89, Bd. IV, 1. Anlageband, Aktenstück Nr. 10, S. 58; Rosin, Arbeiterversicherung, S. 260 f.

[51] Begründung, a.a.O., S. 58; so auch Bödiker, Arbeiterversicherung, S. 21 m.w.N.

[52] Rosin, Arbeiterversicherung, S. 263.

[53] Soweit die vorgeschossenen Beiträge den von den Versicherungsanstalten vierteljährlich an die Zentral-Postbehörden abzuführenden Betriebsfond überstiegen (§ 92 Abs. 3 JAVG).

2. Die Versicherungspflicht

Das zweite wichtige Moment der deutschen Sozialversicherungsgesetzgebung ist der mit dem öffentlich-rechtlichen Fürsorgecharakter in engem Zusammenhang stehende Versicherungszwang — die Versicherungspflicht oder -pflichtigkeit —. Dieses in allen deutschen Sozialversicherungsgesetzen der Epoche enthaltene[1] Element einer erzwungenen Rechtsbeziehung öffentlich-rechtlicher Art[2] sollte grundsätzlich dazu dienen, die „Befriedigung des sozialpolitischen Bedürfnisses des Gemeinwesens sicherzustellen, die für die Gesamtheit der Beteiligten nicht erreicht werden könne, wenn die Versicherung dem freien Willen der Betheiligten überlassen bleibe"; wenn aber die Gesetzgebung mithin überhaupt die Aufgabe habe, die Versicherung der Arbeiter zu regeln, so müsse sie auch Vorsorge treffen, daß die zu schaffende Fürsorge allen Personen zugute komme, welche ihrer bedürften[3]. Eine Begründung, die endgültig den Boden eines liberalen Staatsverständnisses verließ, indem man die Gesellschaft autoritär — fast an die absolutistische Wohlfahrtsidee anknüpfend[4] — „zu ihrem Glück zwingt", die aber nach dem offensichtlichen Scheitern der insoweit zu optimistischen Freihandelslehre Adam *Smith's* nur konsequent war[5].

Das damit neu entstehende Problem war die Einstufung der Sozialversicherung als eines „Sonderrechts des Proletariats"[6], weil nur ein bestimmter Teil der Bevölkerung — die allerdings große Zahl der Arbeiter und kleinen Betriebsbeamten — der Versicherung angehörte, und zwar zwangsweise, weil der Gesetzgeber der Überzeugung war, „daß die deutsche Lohnarbeiterklasse nicht diejenigen hauswirtschaftlichen Kenntnisse besitzt, welche für den Mann erforderlich sind, um sich aus eigener Kraft durchs Leben zu schlagen, sondern daß ihm im Interesse der Gesamtheit die Fürsorge für sich selbst bei Krankheit, Unfall, Alter und Invalidität besser abgenommen werde"[7]. Eine Begründung, die sich

---

[1] Zu dieser Problematik in der ganzen europäischen Gesetzgebung dieser Epoche, Zwiedineck-Südenhorst, S. 118 f.

[2] So Wertenbruch, S. 115.

[3] So die Begründung zum Gesetzentwurf des JAVG, RTSten.Ber. 1888/89, Bd. IV, Aktenst. Nr. 10, S. 49 f.; ähnlich, aber noch ungenauer die Begründungen zum 1. Entwurf des Unfallversicherungsgesetzes, RTSten.Ber. 1881. Bd. III, Aktenstück Nr. 41, S. 228 ff., 231, und zum Krankenversicherungsgesetz, RTSten.Ber., Bd. V, Aktenstück Nr. 14, S. 139 ff., 141; dazu auch Keiner, S. 18.

[4] Siehe dazu bereits auch oben Ersten Teil, Abschnitt I.2.

[5] Über die enttäuschten Erwartungen von der Erziehungsfunktion des Versicherungszwanges, Schmoller, S. 414 f., der den Zwang aber letztlich doch bejaht.

[6] So Schoenlank, S. 26; dazu auch Neumeister, S. 191.

[7] So A. Tille, 1910, zitiert nach Neumeister, S. 191 f., die darauf hinweist, daß auch noch heute die Zwangsversicherung mit der — ähnlichen — Begründung verteidigt werde, sie „sei dort am Platze, wo die Versicherungspflichtigen entweder nicht über die nötigen Mittel verfügen, sich selbst zu sichern, oder zwar

der negativen Charakterisierung der „Klienten“ der staatlichen Armenpflege als der „Unwirtschaftlichen“ mit ihrer „Unfähigkeit, sich in einer bestimmten Wirtschaftsordnung selbständig zu erhalten“, nähert[8], mit dem einzigen Unterschied, daß die Bedürftigkeitsprüfung, die die Armenpflege für jeden individuellen Fall vornahm, hier „gleichsam im voraus und generell geschah“[9].

Tonio *Bödiker*, einer der „Väter“ der Sozialversicherungsgesetzgebung und 1. Präsident des Reichsversicherungsamtes, hat bereits 1895 diesen fundamentalen Eingriff des Staates vor allem gegen die liberale Kritik, die Versicherung sei freiheitswidrig und ein Stück „Staatssozialismus“, mit der Begründung verteidigt, es liege „im Interesse aller, am meisten der Besitzenden, die gesamte Nation kräftig, tüchtig und leistungsfähig zu gestalten. Eins von den Mitteln dazu ist die Fürsorge für die durch Krankheit, Unfall, Invalidität und Alter Geschädigten, eine Fürsorge, die auch den Angehörigen derselben von Nutzen ist. Kann dies nicht ohne Eingriff des Staates erreicht werden, so muß eben ein solches geschehen . . .; und leidet dabei die Freiheit Abbruch, so ist es doch nur jene Freiheit, die durch Sitte und Recht längst ihre Schranken gefunden hat. Die Familie, die Gemeinde, der Staat haben die Freiheit mehr und mehr aus dem Zustande der Wildheit zu höherer Entwicklung gebracht“[10]. *Stier-Somlo* hat — ohne die Nachteile eines Zwanges zu verkennen — den Versicherungszwang am Anfang dieses Jahrhunderts — neben seiner „Erziehungsfunktion“[11] — als bei der Lage der Verhältnisse unbedingt notwendig bezeichnet, da nur so „infolge der großen Zahlen der Versicherten, eine feste Grundlage für zuverlässige mathematische, hinsichtlich der Beiträge und Leistung unerläßliche, Vorberechnungen“[12] möglich seien, die „Verwaltungskosten verringert würden, ein Ausgleich der schlechten Risiken mit den guten“ erreicht werde und „schließlich die dauernde Leistungsfähigkeit der Organisation“ garantiert werde[13].

über die nötigen Mittel, nicht aber die nötige Rationalität der Mitteleinteilung und nicht über die erforderlichen wirtschaftlichen Kenntnisse zum Sparen oder zur Benutzung einer Versicherungseinrichtung verfügen“; so das Wörterbuch der Sozialwissenschaften, Stuttgart—Göttingen—Tübingen, 1956, unter dem Stichwort „Sozialversicherung“.

[8] So Neumeister, S. 192 m.w.N.

[9] Neumeister, S. 191; Schäfer, S. 71.

[10] Bödiker, Arbeiterversicherung, S. 19 f.; der allerdings seiner verfassungsrechtlichen Argumentation selbst nicht recht zu vertrauen scheint und anfügt: „Übrigens sind die Lasten im Vergleich zu dem Zwecke, dem sie dienen, gar nicht einmal so hoch“, S. 20; ähnlich auch Zwiedineck-Südenhorst, S. 118.

[11] Stier-Somlo, Sozialgesetzgebung, S. 82; so auch Schmoller, Volkswirtschaftslehre, Bd. II, S. 376.

[12] Die Grundlagen der versicherungsmathematischen Berechnungen hatten der Philosoph, Mathematiker und Rechtsgelehrte Gottfried Wilhelm Leibniz (1646—1716), der englische Astronom Edmund Halley (1656—1742) und der von 1741—1755 in preußischen Diensten stehende Mathematiker Leonhard Euler (1707—1783) geliefert; Wertenbruch, S. 19.

3. Der öffentlich-rechtliche Anspruch

Das dritte Element der deutschen Sozialversicherungsgesetze war und ist der öffentlich-rechtliche Anspruch des versicherten Arbeitnehmers gegen den Versicherungsträger als *subjektives-öffentliches Recht* auf Leistung.

Die formal durch die Versicherungskonstruktion der Sozialversicherung ermöglichte Einräumung eines Rechtsanspruches[1] war eines der wesentlichen Anliegen bei der gesamten Konzipierung der Sozialgesetzgebung durch die Bismarcksche Reichsregierung. Wie bereits oben bei der Behandlung der Frage der Motivation der Gesetzgebung ausgeführt[2], wurde die staatliche Sozialpolitik unter dem pragmatischen Gesichtspunkt der Erhaltung und Festigung des deutschen Kaiserreiches als konstitutioneller Monarchie betrieben. Um diese Festigung zu erreichen, mußten alle Teile der Gesellschaft diesen Staat in seiner durch die Verfassung gegebenen Form annehmen und anerkennen. Soweit die durch die wirtschaftliche Entwicklung „Unterprivilegierten" und in ihrer sozialen Entwicklung bedrohte Schicht der Arbeiter dies aus begreiflichen Gründen nicht mehr konnten, hatte der Staat Abhilfe zu schaffen. Das hoffte man neben dem Reichszuschuß, mit dem die Arbeiter direkt an den Staat gefesselt werden sollten[3], durch die Einräumung eines Rechtsanspruches auf Leistungen aus der Sozialversicherung gegen den Staat bzw. gegen einen staatlich garantierten Träger zu erreichen, um dadurch „den Status des Arbeiters zu heben und seinem Selbstbewußtsein gerecht zu werden und zugleich Auftrieb zu geben"[4].

Bereits in der amtlichen Begründung zum ersten Entwurf für ein Unfallversicherungsgesetz vom 8. März 1881 war auf die „gerichtlich durchsetzbaren Rechtsansprüche" des Versicherten besonderes Gewicht gelegt worden[5]. *Bismarck* hat dies bei den Beratungen des Gesetzes im Reichstag unterstrichen, als er bei der Verteidigung seiner Konzeption des Unfallversicherungsgesetzes sagte, es gehe darum, „das Gefühl menschlicher Würde, welches auch der ärmste Deutsche meinem Willen nach behalten soll, wachzuerhalten, daß er nicht rechtlos als reiner Almosenempfänger dasteht, sondern daß er ein Pekulium an sich trägt, über das niemand außer ihm verfügen kann, und daß ihm auch nicht entfremdet werden

---

[13] Stier-Somlo, Sozialgesetzgebung, S. 72 und das dort in Anm. 6 angegebene Schrifttum.

[1] Schäfer, S. 70 f.

[2] Siehe oben Zweiter Teil, Abschnitt I und II und das dort angegebene Schrifttum.

[3] Simon, S. 58; dazu auch Pense, S. 50 ff.; Schmoller, S. 394.

[4] Schäfer, S. 70.

[5] Begründung, RTSten.Ber. 1881, Bd. III, Aktenstück Nr. 41, S. 243.

kann"[6]. Dieses „Pekulium" war zwar lange Zeit materiell nicht geeignet, dem erwerbsunfähigen Arbeiter und seiner Familie den Lebensunterhalt zu bieten[7], für die vorliegende Untersuchung ist jedoch die formelle Seite, also die Rechtsqualität, entscheidend: Das Neue war nämlich ein *öffentlich-rechtlicher nicht bloß schuldrechtlicher Anspruch als subjektives öffentliches Recht gegen den Träger der Versicherung.*

Georg *Jellinek* hat es in seinem erstmals 1892 erschienenen „System der subjektiven öffentlichen Rechte" im Anschluß an *v. Gerbers* „Über öffentliche Rechte" in einer umfassenden systematischen Monographie unternommen, diesen Begriff „seinem ganzen Umfange nach zu entwickeln und seiner Lösung entgegenzuführen"[8]. Danach besteht „das subjektive Recht des einzelnen auf dem Gebiete des öffentlichen Rechts (formell) ausschließlich in der Fähigkeit, Rechtsnormen im individuellen Interesse in Bewegung zu setzen"[9], materiell ist „subjektives öffentliches Recht solches, welches dem einzelnen wegen seiner gegliederten Stellung im Staate zusteht"[10].

Für die Sozialgesetzgebung gilt jedoch die Besonderheit, daß der Staat sich zu ihrer Durchführung im allgemeinen[11] öffentlicher-rechtlicher Korporationen bedient. Nach Jellinek sind diese „aktiven öffentlich-rechtlichen Verbände ... einerseits mit Imperium ausgestattet und haben andererseits Pflichten zu erfüllen sowohl dem Staat als ihren Mitgliedern gegenüber"[12]. Unter den Pflichten gebe es solche, die der Staat prinzipiell als ihm übertragen anerkenne, die er aber nicht durch eigene Organe, sondern durch selbständige Verbandspersönlichkeiten besorge — das gelte vor allem für die aufgrund der Arbeiterschutzgesetzgebung gebildeten Verbände[13]. Die durch Gesetz gegen diese Verbände — Krankenkassen, Berufsgenossenschaften, Versicherungsanstalten — begründeten Ansprüche seien öffentlich-rechtlicher Art, „weil der Staat es als seine Aufgabe anerkannt hat, die Arbeiter vor gewissen Gefahren zu

[6] RTSten.Ber. 1881, Bd. I, S. 713; abgedr. auch in Bismarck, Werke XII, S. 240; dazu auch Neumeister, S. 212; Schäfer, S. 71; Vogel, S. 154.

[7] Dazu bereits oben Kapitel 1.c) Anmerkung 49.

[8] Jellinek, System der subjektiven öffentlichen Rechte, S. 8.

[9] Jellinek, System der subjektiven öffentlichen Rechte, S. 51.

[10] Jellinek, System der subjektiven öffentlichen Rechte, S. 53.

[11] Zu den wenigen Ausnahmen gehören die Gemeindekrankenversicherung, dazu oben Abschnitt I., 1.a), und bestimmte Bereiche der Unfallversicherung, soweit es sich um Arbeiter in für Rechnung des Reiches, der Bundesstaaten oder auch von Kommunalverbänden geführten Verwaltungen (Post-, Telegraphie-, Eisenbahn-, Binnenschiffahrt-, Flößerei-, land- und forstwirtschaftliche Betriebe, Regiebauten von Kommunalverbänden) handelt, da dort die Renten vom Reich, dem Bundesstaat oder dem Kommunalverband direkt geleistet wurden; dazu jedoch kritisch Rehm, System der subjektiven öffentlichen Rechte, S. 541.

[12] Jellinek, System der subjektiven öffentlichen Rechte, S. 268.

[13] Jellinek, System der subjektiven öffentlichen Rechte, S. 268.

schützen, deren Folgen auszugleichen, dem arbeitsunfähig Gewordenen seine Existenz zu garantieren"[14]. Zwar weise der Staat dem Anspruchsberechtigten ein anderes Subjekt als Träger der Unterstützungspflicht an, dennoch bleibe der Staat selbst durch seine Organe als Aufsichts- oder Rekursinstanz — und die staatliche Garantiefunktion (Anmerkung des Verfassers) — in allen Fällen das in letzter Instanz verpflichtete Subjekt. Die Ansprüche seien daher als mittelbar öffentlich-rechtliche einzuordnen[15], eine Charakterisierung, die bis heute gilt[16].

4. Zusammenfassung

Die in den Jahren zwischen 1880 und 1890 konzipierte und in ihren Anfängen auch verwirklichte Sozialgesetzgebung ist insgesamt eine zwar grundsätzlich auf dem Leistungs- und Gegenleistungsprinzip aufgebaute, aber im Gegensatz zu den bis dahin bestehenden Instituten öffentlich-rechtliche Einrichtung[1], welche auf „die gemeinsame Deckung eines möglichen, in seiner Gesamtheit schätzbaren Bedarfs durch Verteilung auf eine organisierte Vielfalt" abzielt[2].

Das entscheidend Neue an den dazu geschaffenen gesetzlichen Regelungen ist zuerst eine Durchbrechung des versicherungsrechtlichen Äquivalenzprinzips durch einen öffentlich-rechtlichen Für- bzw. Vorsorgecharakter, indem der Staat — soweit er nicht sogar selbst unmittelbarer Träger einzelner Versicherungen ist — Garantie- und Aufsichtsfunktionen übernimmt, unentgeltliche staatliche Einrichtungen zur Abwicklung der Versicherungsfälle bereitstellt oder durch finanzielle Rentenzuschüsse gezielte und direkte Hilfe gibt. Dazu kommt ein zumindest teilweises Auseinanderfallen von „Versicherten" und „Versicherungsnehmern" durch eine sozialpolitisch gezielte Verteilung der Beitragslast auf Arbeitgeber und Arbeitnehmer.

Die Durchsetzung dieser „staatlichen Versicherung" erfolgte unter Aufgabe bis dahin herrschender staatsliberaler Vorstellungen durch

---

[14] Jellinek, System der subjektiven öffentlichen Rechte, S. 268, unter Berufung auf Laband, Staatsrecht, S. 286 f. m.w.N., derselbe bereits in seinem Staatsrecht des deutschen Reiches, Bd. III, S. 262 ff.; Piloty, Reichsunfallversicherungsrecht, S. 168 ff.; Rehm, System der subjektiven öffentlichen Rechte, S. 529, insbes. S. 543 f.; so wohl auch Haenel, Staatsrecht, S. 697; Rosin, Arbeiterversicherung, S. 418; a.A. Menzel, Archiv für Bürgerliches Recht I, S. 327 ff., 341, der die „Ansprüche als Schadensersatz-Forderungen (deliktische oder quasi-deliktische Obligationen" charakterisiert.

[15] Jellinek, System der subjektiven öffentlichen Rechte, S. 269; Laband, Staatsrecht, S. 286, spricht von einem dem Arbeiter „vom Staat verliehenen Versorgungsanspruch".

[16] So u.a. Wertenbruch, S. 114 f.

[1] So auch Wertenbruch, S. 19, 10, 114 f., der diese Sozialgesetzgebung als „im geschichtlichen Konnex zum geltenden Verfassungsrecht" stehend bezeichnet.

[2] BVerfGE 11, 105, 112; BSGE 6, 213, 228; Wertenbruch, S. 19.

einen autoritären, „erzieherisch“ verstandenen[3] Versicherungszwang, dem gewissermaßen als Korrektiv ein einklagbarer[4] öffentlich-rechtlicher Anspruch im Sinne eines „mittelbaren“ subjektiven-öffentlichen Rechts auf gesetzlich normierte Leistungen in Not- und Unglücksfällen gegenüberstand.

II. Das Wesen der Sozialstaatlichkeit

Bevor eine verfassungsrechtliche Wertung der oben herausgearbeiteten Prinzipien dieser Anfänge einer deutschen Sozialgesetzgebung vorgenommen werden kann, ist es erforderlich, noch einmal Wesen und Begriff eines „sozialen Staates“ herauszuarbeiten.

Die Schwierigkeit einer exakten Definition des Begriffes resultiert dabei, wie *Bull* zu Recht hervorhebt, aus der langen Geschichte der sozialen Ideen[1] und nicht zuletzt aus der heutigen starken „Strapazierung“ dieses Begriffes in der Umgangssprache[2].

Aus der großen Fülle vorhandener Untersuchungen dieser Frage[3] kann für die vorliegende Untersuchung im folgenden lediglich ein abrißartiger gezielter Überblick über den gegenwärtigen Meinungsstand gegeben werden. Einigkeit herrscht dabei wohl heute nur insoweit, als der Verfassungsgrundsatz vom sozialen Staat gem. Artt. 20 Abs. 1, 28 Abs. 1 Satz 1 GG keinen „substanzlosen Blankettbegriff“ darstellt[4]. Die heutige materielle Interpretation des Begriffs „Sozialstaatlichkeit“ unterscheidet nach dem jeweiligen Intensitätsgrad staatlicher Einflußnahme im wesentlichen vier Gruppen[5].

1. Nach der ersten, durch den geringsten staatlichen Eingriff gekennzeichneten Gruppe der Interpretationen hat der Staat lediglich eine „Befriedungsfunktion“ auszuüben; d.h., er hat in seiner Rolle als so-

---

[3] Diese „Erzieherische Wirkung“ betonen ausdrücklich Stier-Somlo, Sozialgesetzgebung, S. 72, und Schmoller, Volkswirtschaftslehre, Bd. II, S. 376.

[4] Zwar ist die Einrichtung der Sozialgerichte als besonderer Verwaltungsgerichte erst durch das SGG vom 3.9.1953, BGBl. I, S. 1239 ff., erfolgt, aber ihre lange Tradition ist bereits dadurch gegeben, als bereits das UVG eine „besondere Gerichtsbarkeit“ mit Schiedsgerichten als Berufungs- und dem Reichsversicherungsamt als Rekurinstanz schuf, dazu bereits oben Zweiter Teil, II. 5.; dazu Rohwer-Kahlmann, NJW 1960, 1641 und dort Anm. 1 m.w.N.

[1] Siehe dazu oben Erster Teil,; dazu auch Stern, Staatsrecht I, S. 67.

[2] H. P. Bull, S. 169.

[3] Eine ausführliche Darstellung der Entwicklung des Sozialstaatsprinzips bis heute geben Wege, S. 156 ff.; Menzel, DÖV 1972, S. 537; siehe dazu auch schon oben die Einleitung und das dort in Anmerkung 5) angegebene Schrifttum.

[4] So z.B. Grewe, DRZ 1949, 351; Rüthers, JuS 1970, 608 und dort Anm. 10 mit ausf. Nachweis.

[5] Es wird dabei im wesentlichen auf die bei Bull, S. 169 ff., gegebene Übersicht zurückgegriffen, die, soweit ersichtlich, den letzten Meinungsstand berücksichtigt.

zialer Staat lediglich ein geordnetes, möglichst konfliktarmes Zusammenleben[6] innerhalb der Gesellschaft zu ermöglichen. Diese Garantiefunktion kann er einmal durch das Zurverfügungstellen der dazu erforderlichen Rahmenbedingungen[7] erfüllen, zum anderen ist sie aber auch geprägt durch die Begriffe des „Zusammenlebens" und vor allem der heute aus Art. 2 Abs. 1 GG abgeleiteten „Rücksichtnahme" im Verhältnis Staat—Bürger aber auch umgekehrt im Verhältnis Bürger—Staat, woraus sich sowohl Pflichten des einzelnen gegenüber der Gesellschaft als auch — und das ist für diese Untersuchung entscheidend — der Gesellschaft gegenüber dem hilfsbedürftigen Einzelwesen ableiten lassen[8].

2. Nach einer zweiten Gruppe, bei der das Prinzip der Sozialstaatlichkeit in besonders hohem Maße „dynamisiert" wird[9], soll der Staat der Not schlechthin steuern. Damit wird notwendig der Gedanke staatlicher Verantwortung für alle sozialen Bereiche in den Vordergrund gerückt, wobei in Abkehr von einer „streng liberalistischen Staatsauffassung hierzu auch die Wirtschaft, das Arbeitsleben, die Fürsorge und Kultur zum potentiellen Organisationsbereich des Staates"[10] gezählt werden. Dem Staat wird damit eine generelle Vor- oder auch Fürsorgefunktion zugeschrieben[11]. Unter diesem Oberbegriff gibt es eine ganze Zahl von verschiedenen Deutungen, denen allerdings gemeinsam ist, daß der Staat generell den Schwächeren schützen und unterstützen soll[12], wobei im einzelnen jedoch umstritten ist, ob dies nur durch Beseitigung konkreter Notstände[13], durch die Hilfe für einzelne oder kleine Gruppen in oder durch die Gesellschaft Benachteiligter[14], durch den von Ernst Forsthoff geprägten Gedanken einer allgemeinen „Daseinsvorsorge"[15] oder gar über die Forderung nach allgemeiner sozialer Gerechtigkeit durch

---

[6] Z.B. Bull, S. 169; Preller, S. 151 ff., der von „Schutzfunktion" spricht.

[7] Bull, S. 169 und das dort in Anm. 47 genannte Schrifttum.

[8] Dazu vor allem Menger, Begriff, S. 65; Fechner, Freiheit und Zwang, S. 8 ff., der das Wesentliche des sozialen Gedankens in ausdrücklicher Umkehrung der allgemeinen Ansicht (S. 12) gerade im richtigen und notwendigen Verhältnis der Glieder einer Gemeinschaft zum Ganzen erblickt und eine primäre „Verpflichtung des einzelnen zur Teilnahme an der Gesamtaufgabe" (S. 14) postuliert; ähnlich auch Marcic, S. 415 f.

[9] So Bull, S. 171.

[10] Rüthers, JuS 1970, S. 608.

[11] Zur Begriffsklarheit ausführlich Schäfer, S. 150 ff., insbes. 157 ff.; Bull, S. 170 und das dort in Anm. 56 angegebene Schrifttum.

[12] Bull, S. 171.

[13] Ipsen, Über das Grundgesetz, S. 19; derselbe, VVDStrRL 10, 74 ff., 85.

[14] So BVerfGE 35, 202, 236; BVerwGE 1, 159; dazu ausführlich Weinhold, S. 52 ff.

[15] Forsthoff, Die Daseinsvorsorge, S. 26 Anm. 6; dazu auch von Unruh, DÖV 1974, 509, der von der Pflicht zur öffentlichen Daseinfürsorge als demokratisch bestimmbarem verfassungsrechtlichen Leitprinzip spricht.

eine „Umverteilung des Vorhandenen“[16] erreicht werden soll. Insgesamt also eine große Variationsbreite zwischen einer bloßen Hilfe für individuelle Not und der Forderung nach der radikalen Beseitigung der Folgen grundlegender Strukturmerkmale durch die Abschaffung der kapitalistischen Wirtschaftsordnung insgesamt[17].

3. Eine dritte große Meinungsgruppe stellt auf die „historisch begründete Verbindung von Sozialstaat und Demokratie ab“[18], denn „nach den Grundsätzen, die Organisation und Funktion tragen und leiten sollen, erschöpft sich dieses politische Gemeinwesen nicht in einer Garantie des gesellschaftlichen status quo und einer individuellen Freiheit im Sinne weitgehender Ungebundenheit, sondern ist auf Verwirklichung der Gerechtigkeit im materiellen Gehalt hin angelegt“[19]. Das Ziel ist, wie es Hermann *Heller* bereits in den zwanziger Jahren dieses Jahrhunderts formuliert hat, die „Ausdehnung des materiellen Rechtsstaatsgedankens auf die Arbeits- und Güterordnung“[20]. Damit wird dem Staat sowohl die Befugnis zu Lenkungs- und Gestaltungsaufgaben als auch zu Planungs- und Umverteilungsakten zugewiesen und zugleich der Rahmen rechtsstaatlicher Formen abgesteckt[21] — Recht- und Sozialstaat stehen in einem Spannungsverhältnis.

4. Eine vierte und letzte Meinungsgruppe schließlich erblickt ein oder sogar das wesentliche Merkmal eines sozialen Staates in seinem „Interventionismus“[22], denn je nach dem Intensitätsgrad staatlicher Tätigkeit auf sozialem Gebiet muß der Staat notwendig steuernd in den gesamten Wirtschaftsablauf eingreifen, um seine Sozialpolitik überhaupt durchsetzen zu können.

Wenn man nun die gegebenen Meinungen in bezug auf ihre Wirksamkeit untersucht, die sozialen Probleme innerhalb einer modernen Industriegesellschaft rechtsstaatlich und zugleich menschlich, und nur darauf kann es ankommen, zu lösen — wobei die vierte Meinungsgruppe als einzige nicht einen verfassungsrechtlichen Auftrag, sondern bestenfalls deren Ergebnis beschreibt —, ist zusammenfassend festzuhalten:

Vorzugswürdig ist die auch von der Mehrheit der juristischen Interpretation im Grundsatz akzeptierte sog. „Demokratiefunktion“ der dritten Meinungsgruppe. Für einen demokratischen und sozialen Rechtsstaat ist

[16] Bull, S. 171 m.w.N.; Preller, S. 153 f.

[17] Hartwich, S. 360.

[18] Abendroth, Festschrift für Bergstraesser, S. 279 ff.; Bull, S. 171; Menger, Begriff, S. 58, 69 f.; von Unruh, DÖV 1974, S. 508 ff. m.w.N.

[19] Von Unruh, DÖV 1974, S. 509 unter Hinweis auf Menger, Begriff, S. 58, 69 f.

[20] Rechtsstaat oder Diktatur?, S. 11, 513 f.

[21] Von Unruh, DÖV 1974, S. 509 und 513 f.; in diesem Zusammenhang gehört auch die Fragestellung der Sozialisierung, dazu Bull, S. 172 m.w.N.

[22] Bull, S. 172 und dort Anm. 65.

es nämlich weder ausreichend, lediglich eine „Befriedungsfunktion" im Sinne einer innergesellschaftlichen Konfliktvermeidung auszuüben, noch darf der Staat als „Wohlfahrtsstaat" lediglich am „Leistungswert seines Apparats"[23] in bezug auf seine Fürsorgefunktion und damit an seiner „sozial-eudämonistischen Erfolgsbilanz"[24] gemessen werden. Zu Recht hebt Klaus *Stern* hervor, daß die juristische Interpretation einen derartigen „Grenzlosigkeitsschluß aus dem sozialstaatlichen Prinzip, die dem Staat den Charakter des neuzeitlichen Leviathan gibt", nicht gefolgt sei; die grundsätzliche Dimensionierung bleibe vielmehr auf die Ziele sozialer Gerechtigkeit und sozialer Sicherheit im Staate der freiheitlich demokratischen Grundordnung bezogen[25]. Bereits Dietrich *Schindler* hat festgestellt, das die Verwirklichung des einseitigen Prinzips der individuellen Freiheit das entgegengesetzte Prinzip des außerstaatlichen aus sich heraustreiben mußte und daß erst durch die in einem ausgewogenen Maß erfolgte Hereinnahme des entgegengesetzten Prinzips in die Gesetzgebung (Arbeiterschutz, Anti-Trust, Subventionen, Zollschutz) das Maximum an effektiver Freiheit für das Individuum erreicht wurde[26]. Damit ist das Sozialprinzip die einzig mögliche Antwort einer Verfassung auf die Probleme der pluralistischen, industriell-technisch-arbeitsteilig gegliederten Massengesellschaft im Sinne eines Ausgleiches zwischen einem exzessiven Liberalismus und einem Kollektivismus sozialistischer bzw. kommunistischer Provenienz[27].

III. Die Arbeiterversicherungsgesetzgebung als Anfang der Sozialstaatlichkeit

Wenn man die zwischen 1881 und 1890 geschaffene Arbeiterversicherungsgesetzgebung des deutschen Kaiserreiches mit ihren oben[1] herausgearbeiteten Prinzipien an dem sozialstaatlichen Prinzip als einer auf soziale Gerechtigkeit und soziale Sicherung im Rahmen einer demokratischen Grundordnung gerichteten Staatszielbestimmung mißt, lassen sich folgende Ergebnisse formulieren:

1. Die deutsche Arbeiterversicherungsgesetzgebung ist der erste bewußte und gezielte Versuch, der durch die industrielle Revolution bewirkten radikalen Veränderung der sozialen Struktur innerhalb der Gesellschaft mit ihrem revolutionären Potential zu begegnen.

---

[23] Imboden, S. 72; ähnlich auch Wertenbruch, S. 19.

[24] Stern, Staatsrecht I, S. 692; ähnlich auch Menzel, DÖV 1972, 541, 545 f.

[25] Stern, Staatsrecht I, S. 692, und das dort in Anm. 62 angegebene Schrifttum.

[26] Schindler, Verfassungsrecht und soziale Struktur, S. 151.

[27] Stern, Staatsrecht I, S. 692.

[1] Siehe oben Abschnitt I.

2. Die sozialen Bestrebungen waren dabei nicht der Ausdruck eines verfassungsmäßig normierten Auftrages an Legislative oder Exekutive. Die Sozialpolitik der Bismarckschen Reichsregierung war auch nicht primär von einem rein fürsorgerischen Interesse bestimmt, sondern zielte als Staatspolitik auf die Erhaltung des bestehenden Staatswesens in seiner gegebenen verfassungsmäßigen Ordnung durch eine staatlich geeinte Gemeinschaft.

3. Die Initiative für diese ersten gesellschaftlichen Befriedungsversuche ging von der damaligen Reichsregierung unter ihrem Kanzler Bismarck, also der Verwaltung, aus. Die von der obersten Reichsverwaltung konzipierten Gesetzesentwürfe wurden dann — wenn auch mit zum Teil erheblichen Modifikationen und Verbesserungen der ursprünglichen Konzeption — gegen den Widerstand weiter gesellschaftlicher Gruppen und der Parteien durch das Gesetzgebungsverfahren geschleust.

4. Bei aller zum Teil konzeptionsbedingten Unvollkommenheit der so zustandegekommenen ersten Arbeiterversicherungsgesetze brachten diese Reformen doch faktisch auch einen verfassungsrechtlichen Durchbruch. Zum ersten Mal in der Geschichte bekannte sich überhaupt ein Staatswesen damit ausdrücklich zu der Aufgabe, eine hoheitliche Befriedungsfunktion innerhalb der Gesellschaft auszuüben und so zu versuchen, ein konfliktarmes Zusammenleben innerhalb der durch die industrielle Revolution neuformierten Gesellschaft zu garantieren.

5. Dabei war die Arbeiterversicherungsgesetzgebung zugleich der erste, wenn auch rückschauend betrachtet winzige und noch unvollkommene Schritt in Richtung auf die Begründung eines rechtsstaatlich verbürgten „Mehr" an sozialer Gerechtigkeit und Sicherheit für die große Gruppe der Arbeiter als der sozial Schwächsten und damit in erster Linie Schutzbedürftigen. Erreicht wurde dies unter Aufgabe bis dahin vorherrschender liberaler Staatsvorstellungen zwar durch Einführung eines autoritären Versicherungszwangs, dem jedoch erstmals ein gerichtlich einklagbarer öffentlich-rechtlicher Anspruch gegen den staatlich garantierten Versicherungsträger im Sinne eines „mittelbaren" subjektiv-öffentlichen Rechts auf gesetzlich normierte Leistungen in Notfällen gegenüberstand.

Ergebnis

Als Ergebnis dieser Untersuchung über die Anfänge der Sozialstaatlichkeit in Deutschland lassen sich folgende Thesen formulieren:

1. Der Grundgedanke der Sozialstaatlichkeit im weiten Sinne obrigkeitlicher Für- und Vorsorge für gesellschaftlich benachteiligte Einzelwesen oder Gruppen ist der deutschen Rechtswirklichkeit zumindest seit dem Mittelalter nicht mehr fremd. Die Fürsorgemaßnahmen blieben allerdings inhaltlich weit hinter den tatsächlichen Bedürfnissen der betroffenen Gruppen zurück.

2. Der entscheidende, weil prinzipielle Nachteil aller Regelungen bestand jedoch darin, daß der Schutz der unterprivilegierten Gruppen nicht durch ein System des öffentlichen Sozialrechts mit subjektiv-öffentlichen Rechten des einzelnen gegen den Staat und damit gegen die Gesellschaft gesichert wurde.

3. Eine Wende in diesem Staatsdenken trat durch die durch die industrielle Revolution eingetretene gesellschaftliche Umwälzung mit ihrem revolutionären Potential ein. Die Gefahr für die bestehende Staats- und Gesellschaftsordnung wurde zuerst durch hervorragende Vertreter der Wissenschaft erkannt, die auch die ersten Modelle für eine staatliche Lösung entwickelten.

4. In der Praxis aufgegriffen wurden diese Modelle durch die oberste Reichsregierung unter ihrem Kanzler Bismarck nach der Reichsgründung im Jahre 1871, um nach der nationalen auch die soziale Frage zu einer Lösung zu bringen und dem jungen Reich von innen den sozialen Frieden zu geben.

5. Die sozialen Bestrebungen waren dabei nicht Ausdruck eines verfassungsmäßig normierten Auftrags an Legislative oder Exekutive. Die Sozialpolitik der Bismarckschen Reichsregierung war auch nicht primär von einem rein fürsorgerischen Interesse, sondern zielte politisch auf die Erhaltung des bestehenden Staatswesens in seiner gegebenen verfassungsmäßigen Ordnung über eine staatlich geeinte Gemeinschaft.

6. Bei aller zum Teil konzeptionsbedingten Unvollkommenheit der Arbeiterversicherungsgesetze, brachten diese Reformen doch faktisch einen verfassungsrechtlichen Durchbruch: Zum ersten Mal in der Geschichte bekannte sich ein Staatswesen damit ausdrücklich zu der Aufgabe, eine hoheitliche Befriedungsfunktion innerhalb der Gesellschaft

auszuüben und so zu versuchen, ein konfliktarmes Zusammenleben innerhalb der durch die industrielle Revolution neuformierten Gesellschaft zu garantieren.

7. Damit wurde die Arbeiterversicherungsgesetzgebung zugleich zum ersten, wenn auch noch kleinen Schritt in Richtung auf die Begründung eines rechtsstaatlich verbürgten „Mehr" an sozialer Gerechtigkeit und Sicherheit für die große Gruppe der Arbeiter als der sozial Schwächsten und damit in erster Linie Schutzbedürftigen.

8. Erreicht wurde dies unter Aufgabe bis dahin vorherrschender liberaler Staatsvorstellungen zwar durch Einführung eines autoritären Versicherungszwangs, dem jedoch erstmals in der Geschichte ein gerichtlich einklagbarer öffentlich-rechtlicher Anspruch gegen den staatlich garantierten Versicherungsträger im Sinne eines mittelbaren subjektivenöffentlichen Rechts auf gesetzliche Leistungen in Notfällen gegenüberstand.

Literaturverzeichnis

Achinger, Hans: Sozialpolitik als Gesellschaftspolitik — Von der Arbeiterfrage zum Wohlfahrtsstaat, 2. erweiterte Auflage, Frankfurt/Main 1971.

— Der soziale Rechtsstaat und die sich wandelnde Gesellschaft, in: Sozialer Rechtsstaat — Weg oder Irrweg, Bad Godesberg 1963, S. 67 ff.

Adler, Max: Die Staatsauffassung des Marxismus — Ein Beitrag zur Untersuchung von soziologischer und juristischer Methode, Darmstadt 1964.

Anton, Günther K.: Geschichte der preußischen Fabrikgesetzgebung bis zu ihrer Aufnahme durch die Reichsgewerbeordnung. Auf Grund amtlicher Quellen, Leipzig, 1891.

Bachmann, Hanns-Martin: Die naturrechtliche Staatslehre Christian Wolffs, Berlin 1977.

Bauer, Walter: Grundlagen der sozialen Verwaltung bei Lorenz von Stein, Diss. Heidelberg 1975.

Beer, M.: Allgemeine Geschichte des Sozialismus und der sozialen Kämpfe, Vierter Teil — Die Zeit von 1750—1860, 2. Aufl., Berlin 1922.

Bentham, Jeremias: Prinzipien der Gesetzgebung, Hrsg. Etienne Dumont, Köln 1833.

v. Berlepsch, Hans Freiherr: Sozialpolitische Erfahrungen und Erinnerungen, Mönchen-Gladbach 1925.

Bernhard, Ludwig: Unerwünschte Folgen der deutschen Sozialpolitik, Berlin 1912.

Bismarck, Otto von: Deutscher Staat, Ausgewählte Dokumente, eingeleitet von H. Rothfels, München 1925.

— Die gesammelten Werke Bl I—XV, Friedrichsruher Ausgabe, 1924—1935.

— Gedanken und Erinnerungen, Stuttgart 1959.

Blasius, Dirk: Lorenz von Steins Lehre vom Königtum der sozialen Reform und ihre verfassungspolitischen Grundlagen, in: Ernst Forsthoff (Hrsg.), Lorenz v. Stein, Gesellschaft — Staat — Recht, Frankfurt, Berlin, Wien 1972, S. 549 ff.

Böckenförde, Ernst-Wolfgang: Moderne deutsche Verfassungsgeschichte (1815 bis 1918), Köln 1972.

— Lorenz v. Stein als Theoretiker der Bewegung von Staat und Gesellschaft zum Sozialstaat, in: Ernst Forsthoff (Hrsg.), Lorenz v. Stein, Gesellschaft — Staat — Recht, Frankfurt, Berlin, Wien 1972, S. 513 ff.

Bödiker, Tonio: Die Arbeiterversicherung in den Europäischen Staaten, Leipzig 1895.

— Die Unfall-Gesetzgebung der europäischen Staaten, Leipzig 1884.

Boettcher, Erik: Sozialpolitik und Sozialreform — Ein einführendes Lehr- und Handbuch der Sozialpolitik, Tübingen 1957.

Bogs, Walter: Der soziale Rechtsstaat im deutschen Verfassungsrecht, in: Sozialer Rechtsstaat — Weg oder Irrweg?, Schriftenreihe des Deutschen Beamtenbundes, Bad Godesberg 1963, S. 44 ff.

Born, Karl Erich: Idee und Gestalt des Sozialstaats in der deutschen Geschichte, in: Sozialer Rechtsstaat — Weg oder Irrweg?, Schriftenreihe des Deutschen Beamtenbundes, Bad Godesberg 1963, S. 81 ff.

— Der wirtschaftliche und soziale Strukturwandel in Deutschland am Ende des 19. Jahrhunderts, in: E.-W. Böckenförde (Hrsg.), Moderne deutsche Verfassungsgeschichte (1815—1918), Köln 1972, S. 451 ff.

Brentano, Lujo: Die Arbeiterversicherung gemäss der heutigen Wirtschaftsordnung, Leipzig 1879.

— Eine Geschichte der wirtschaftlichen Entwicklung Englands, Bd. III, Erste Hälfte, Das Aufsteigen des Bürgertums und der Arbeiterklasse, Jena 1928.

Bull, Hans Peter: Die Staatsaufgaben nach dem Grundgesetz, 2. Auflage, Kronberg/Ts. 1977.

Contiades, Jon: Verfassungsgesetzliche Staatsstrukturbestimmungen, res publica, Band 16, Stuttgart 1967.

Conze, Werner: Sozialgeschichte, in: H.-U. Wehler (Hrsg.), Moderne deutsche Sozialgeschichte, 2. Auflage, Köln/Berlin 1968, S. 19 ff.

Craemer, Rudolf: Der Kampf um die Volksordnung — Von der preußischen Sozialpolitik zum deutschen Sozialismus, Hamburg 1933.

Doberschütz, Klaus: Die soziale Sicherung des amerikanischen Bürgers — Sozialpolitische Schriften, Heft 19, Berlin 1966.

Dorn, Wolfram / *Hofmann*, Harald: Geschichte des deutschen Liberalismus, 2. erweiterte Auflage, Bonn 1976.

Ehrenberg, Victor: Versicherungsrecht, Bd. I, Leipzig 1893.

Erdbrügger, H. W.: Kinder im Fabriksystem — Erster Schritt auf dem Wege zu ihrer Befreiung —, Zur Geschichte und Problematik der Demokratie, Festgabe für Hans Herzfeld, Berlin 1958.

Ermann, Gerhard: Die Entwicklung der deutschen Sozialgesetzgebung, 2. Auflage, Göttingen 1957.

Fallati, Johannes: Das Vereinswesen zur Sittigung der Fabrikarbeiter, Zeitschrift für die gesamte Staatswissenschaft, Tübingen 1844, S. 737.

Fechner, Erich: Freiheit und Zwang im sozialen Rechtsstaat (1953), in: E. Forsthoff (Hrsg.) Rechtsstaatlichkeit und Sozialstaatlichkeit, S. 73.

— Sozialer Rechtsstaat und Arbeitsrecht, in: RdA 1955, S. 161.

Fehr, Hans: Deutsche Rechtsgeschichte, 6. Auflage, Berlin 1962.

Fiedler, Wilfried: Sozialer Wandel, Verfassungswandel, Rechtsprechung, München 1972.

Fröhlich, Sigrid: Die soziale Sicherung bei Zünften und Gesellenverbänden — Darstellung, Analyse, Vergleich, Sozialpolitische Schriften, Heft 38, Berlin 1976.

Frotscher, Werner: Der Schutz der Allgemeinheit und der individuellen Rechte im Polizei- und Ordnungsrecht, DVBl 1976, S. 695.

Forsthoff, Ernst: Deutsche Verfassungsgeschichte der Neuzeit — Ein Abriß, Dritte Aufl. Tübingen 1967.

— Begriff und Wesen des sozialen Rechtsstaats, Veröffentlichungen der Vereinigung der Deutschen Staatsrechtslehrer, Band 12, Berlin 1954, S. 8 ff.

— Die Daseinsvorsorge als Aufgabe der modernen Verwaltung, res publica, Band 1, Stuttgart 1959.

Göppert, Heinrich: Staat und Wirtschaft, Tübingen 1924, Recht und Staat, Bd. 33.

Götz, Volkmar: Allgemeines Polizei- und Ordnungsrecht, 3. Auflage, Göttingen 1975.

Grewe, Wilhelm G.: Der Begriff des „sozialen Staates" in der deutschen Verfassungsentwicklung, Der Arbeitgeber, 1950, S. 39.

Haenel, Albert: Deutsches Staatsrecht, Erster Band, Die Grundlagen des deutschen Staates und die Reichsgewalt, Leipzig 1892.

Hamel, Walter: Deutsches Staatsrecht, II. Verfassungsgeschichte — Ideologie und Wirklichkeit, Berlin 1974.

Hartwich, Hans-Hermann: Sozialstaatspostulat und gesellschaftlicher Status quo, Köln 1970.

Hattenhauer, Hans: Allgemeines Landrecht für die preußischen Staaten von 1794. Textausgabe mit einer Einführung des Herausgebers und einer Bibliographie von Günther Bernert, Frankfurt/M. 1970.

Hegel, Georg Wilhelm Friedrich: Grundlinien der Philosophie des Rechts oder Naturrecht und Staatswissenschaft im Grundrisse, Studienausgabe, Bd. II, Frankfurt u. Hamburg 1968.

Helfritz, Hans: Allgemeines Staatsrecht — mit einem Abriss der Staatstheorien, 5. Auflage, Detmold 1949.

Heller, Hermann: „Rechtsstaat oder Diktatur?", Recht und Staat in Geschichte und Gegenwart, Heft 68, Tübingen 1930.

Henke, Wilhelm: Die Rechtsform der sozialen Sicherung und das Allgemeine Verwaltungsrecht, Veröffentlichungen der Vereinigung der Deutschen Staatsrechtslehrer, Band 28, S. 149 ff., Berlin 1970.

Hirsch, Max: Die gegenseitigen Hülfskassen und die Gesetzgebung — Mit dem Gutachten über die Gesetz-Entwürfe des Reichskanzler-Amtes und den formulierten Gesetz-Entwürfen des Verfassers, Berlin 1875.

— Der Staat und die Versicherung, dargestellt auf Grund des Verhältnisses zwischen Staat und Volkswirtschaft, Berlin 1881.

Hoegner, Wilhelm: Ferdinand Lassalles Vortrag über Verfassungsfragen, DVBl 1962, S. 157.

Huber, Ernst Rudolf: Der Staat und das Wirtschaftsverfassungsrecht, DöV 1956, S. 97, 135, 172, 200.

— Rechtsstaat und Sozialstaat in der modernen Industriegesellschaft (1965), in: Ernst Forsthoff (Hrsg.), Rechtsstaatlichkeit und Sozialstaatlichkeit, S. 589.

Huber, Ernst Rudolf: Deutsche Verfassungsgeschichte seit 1789, Bd. II, Der Kampf um Einheit und Freiheit 1830 bis 1850, 2. Aufl., Stuttgart 1968.

— Bd. III, Bismarck und das Reich, Stuttgart 1963.

— Bd. IV, Struktur und Krisen des Kaiserreichs, Stuttgart 1969.

— Dokumente zur Deutschen Verfassungsgeschichte,
Band 1, Deutsche Verfassungsdokumente 1803—1850, 3. Auflage, Stuttgart 1978.
Band 2, Deutsche Verfassungsdokumente, 1851—1918, Stuttgart 1964.

Hüsgen, Eduard: Ludwig Windthorst, Zweites Tausend, Cöln 1907.

Ipsen, Hans-Peter: Über das Grundgesetz. Rede, Hamburger Universitätsreden, Bd. 9, Hamburg 1950.

— Enteignung und Sozialisierung, Veröffentlichungen der Vereinigung der Deutschen Staatsrechtslehrer, Band 10, S. 74 ff., Berlin 1952.

Imboden, Max: Die politischen Systeme, Basel, Stuttgart 1962 (Neudruck 1964).

Jahn, Kurt: Allgemeine Sozialversicherungslehre, Stuttgart 1965.

Jellinek, Georg: Allgemeine Staatslehre, Dritte Auflage 1921, Siebenter Neudruck, Darmstadt 1960.

— System der subjektiven öffentlichen Rechte, 2. Aufl., Tübingen 1905.

Jens, Walter: Eine deutsche Universität — 500 Jahre Tübinger Gelehrtenrepublik, München 1977.

Joanitescu, Dimitrie: Das Problem der modernen Sozialversicherung, Bukarest 1937.

Keiner, Oswald: Die Entwicklung der deutschen Invaliden-Versicherung — Eine volkswirtschaftlich-statistische Untersuchung, München 1904.

Kleeberg, H.: Ein Beitrag zur praktischen Lösung der Arbeiter-Versicherungs-Frage, Berlin 1880.

Knemeyer, Franz-Ludwig: Polizeibegriffe in Gesetzen des 15. bis 18. Jahrhunderts — Kritische Bemerkungen zur Literatur über die Entwicklung des Polizeibegriffs, AöR Bd. 92, Tübingen 1967, S. 153 ff.

Kober, Heinz: Studien zur Rechtsanschauung Bismarcks, Tübingen 1961.

Köllmann, Wolfgang: Die Anfänge der staatlichen Sozialpolitik in Preußen 1869, in: E.-W. Böckenförde (Hrsg.), Moderne deutsche Verfassungsgeschichte (1815—1918), Köln 1972, S. 410.

Laband, Paul: Deutsches Reichsstaatsrecht, 5. Auflage, Tübingen 1909.

— Die geschichtliche Entwicklung der Reichsverfassung seit der Reichsgründung, Jahrbuch des öffentlichen Rechts der Gegenwart (JöR), Band I, S. 1 ff., Tübingen 1907.

Lassalle, Ferdinand: Gesammelte Reden und Schriften, herausgegeben und eingeleitet von Eduard Bernstein, Band I—XII, Berlin 1919/20.

— Reden und Schriften, In Auswahl herausgegeben und eingeleitet von Ludwig Maenner, Berlin 1926.

Lerche, Peter: Stiller Verfassungswandel als aktuelles Politikum, Festgabe für Theodor Maunz, München 1971, S. 285.

Lewis, William: Lehrbuch des Versicherungsrechts, Stuttgart 1889.

Löw, Konrad: Rechtsstaat, Demokratie, Sozialstaat — Unser Staat heute — und morgen?, München 1973.

Lütge, Friedrich: Deutsche Sozial- und Wirtschaftsgeschichte, — Ein Überblick, 3. Aufl. Berlin, Heidelberg, New York 1966.

Marcic, René: Vom Gesetzesstaat zum Richterstaat — Recht als Maß der Macht/ Gedanken über den demokratischen Rechts- und Sozialstaat, Wien 1957.

Marx, Karl: Das Elend der Philosophie, Stuttgart 1885.

Marx, Karl / *Engels*, Friedrich: Das kommunistische Manifest, Singen 1946.

Mayer, Gustav: Bismarck und Lassalle — Ihr Briefwechsel und ihre Gespräche, Berlin 1928.

Menger, Christian-Friedrich: Der Begriff des sozialen Rechtsstaats im Bonner Grundgesetz, 1953, in: E. Forsthoff (Hrsg.), Rechtsstaatlichkeit und Sozialstaatlichkeit, S. 42—72.

— Deutsche Verfassungsgeschichte der Neuzeit — Eine Einführung in die Grundlagen, Karlsruhe 1975.

Menzel, Adolf: Die rechtliche Natur der Unterstützungsansprüche aus den Reichsgesetzen über die Kranken- und Unfallversicherung der Arbeiter, Archiv f. bürg. Recht, Bd. 1, Berlin 1889, S. 327 ff.

Menzel, Eberhard: Die Sozialstaatlichkeit als Verfassungsprinzip der Bundesrepublik, DöV 1972, S. 537.

Mohl, Robert von: Über die Nachteile, welche sowohl den Arbeitern selbst, als dem Wohlstande und der Sicherheit der gesamten bürgerlichen Gesellschaft von dem fabrikmäßigen Betriebe der Industrie zugehen, und über die Notwendigkeit gründlicher Vorbeugungsmittel, Archiv für politische Ökonomie und Polizeiwissenschaft, Bd. 2, 1835, S. 141.

Neumeister, Heddy: Autoritäre Sozialpolitik, Ordo, Jahrbuch für die Ordnung von Wirtschaft und Gesellschaft, Bd. 12, Düsseldorf u. München 1961, S. 187 ff.

Noack, Harald: Sozialstaatsklauseln und juristische Methode — Probleme einer Interpretation der Artikel 20 Abs. 1 und 28 Abs. 1 des Grundgesetzes, Baden-Baden 1975.

Oppenheim, H. B.: Die Hülfs- und Versicherungs-Kassen der arbeitenden Klassen, Deutsche Zeit- und Streit-Fragen, Jahrgang IV, Heft 56, Berlin 1875.

Pankoke, Eckart: Lorenz von Steins Staats- und Gesellschaftswissenschaftliche Orientierungen, in: Dirk Blasius — Eckart Pankoke, Lorenz von Stein, Geschichts- und gesellschaftswissenschaftliche Perspektiven, Darmstadt 1977, S. 79 ff.

Pense, Rudolf: Bismarcks Sozialversicherungspolitik — Versuch einer Darstellung seiner Pläne und deren Verwirklichung, Diss. Greifswald 1934.

Peters, Hans: Geschichtliche Entwicklung und Grundfragen der Verfassung, Berlin u. Heidelberg 1969.

Peters, Horst: Die Geschichte der sozialen Versicherung, 2. Auflage, Bonn 1973.

Piloty, Robert: Das Reichs-Unfallversicherungsrecht, dessen Entstehungsgeschichte und System, Bd. 1, Würzburg 1890.

Ponfick, Friedrich Wilhelm: Geschichte der Sozialversicherung im Zeitalter der Aufklärung, Diss. Leipzig 1940.

Preller, Ludwig: Sozialpolitik — Theoretische Ortung, Tübingen u. Zürich 1962.

Quandt, Otto: Die Anfänge der Bismarckschen Sozialgesetzgebung und die Haltung der Parteien (Das Unfallversicherungsgesetz 1881—1884), Berlin 1938.

Ramm, Thilo: Ferdinand Lassalle als Rechts- und Sozialphilosoph, Meisenheim 1953.

Rehm, Hermann: Der Rechtsbegriff der Arbeiterversicherung, in: AöR Bd. 5 (1890), S. 529 ff.

Rellstab, Ernst: Der Staat und das Versicherungswesen, Berlin 1882.

Riedel, Manfred: Einleitung zu G. W. F. Hegel, Grundlinien der Philosophie des Rechts
oder
Naturrecht und Staatswissenschaft im Grundrisse, Studienausgabe Bd. II, S. 9, Frankfurt u. Hamburg 1968.

Rodbertus-Jagetzow, Carl: Deutscher Staat und Sozialismus, Potsdam 1935.

Roesler, Hermann: Das soziale Verwaltungsrecht, I. Band, 1. Abtheilung, Einleitung, Personenrecht, Sachenrecht, Erlangen 1872.

Rößler, Peter: Robert v. Mohl, in: Männer der deutschen Verwaltung, Köln und Berlin 1963.

Rohwer-Kahlmann, Harry: Die Einwirkung verfassungsrechtlicher Normen auf das Recht der sozialen Sicherheit, NJW 1960, S. 1641 ff.

Rosin, Heinrich: Das Recht der Arbeiterversicherung, Für Theorie und Praxis systematisch dargestellt, Erster Band, Die reichsrechtlichen Grundlagen der Arbeiterversicherung, Berlin 1893.

Rothfels, Hans: Prinzipienfragen der Bismarckschen Sozialpolitik — Rede, gehalten bei der Reichsgründungsfeier am 18. Januar 1929, Königsberger Universitätsreden, Königsberg 1929.

— Theodor Lohmann und die Kampfjahre der staatlichen Sozialpolitik, Berlin 1927.

Rüfner, Wolfgang: Einführung in das Sozialrecht, München 1977.

Rüthers, Bernd: Gewerkschaftliche Mitgliederwerbung im Betrieb und in der Dienststelle — BAG, AP Art. 9 GG Nr. 10 und BVerfG, NJW 1970, 1635, Entscheidungsrezension in JuS 1970, 607.

Schachtschneider, Karl Albrecht: Das Sozialprinzip — zu seiner Stellung im Verfassungssystem des Grundgesetzes, Bielefeld 1974.

Schäfer, Dieter: Die Rolle der Fürsorge im System sozialer Sicherung — Ein Beitrag zur Entwicklung und Begründung eines gegliederten Sozialleistungssystems, Frankfurt 1966.

Schindler, Dietrich: Verfassungsrecht und soziale Struktur, 2. Auflage, Zürich 1944.

Schirbel, Eugen: Geschichte der sozialen Krankenversicherung vom Altertum bis zur Gegenwart, Berlin 1929.

Schmeling, Günter: Sozialrechtliche Grundrechte in der Bundesrepublik Deutschland (Ein Beitrag zu den §§ 1—10 des Sozialgesetzbuches [SGB] — Allgemeiner Teil —), SGB 1976, S. 313.

Schmidt, Werner: Lorenz von Stein, in: Männer der deutschen Verwaltung, Köln und Berlin 1963.

Schmoller, Gustav: Die soziale Frage — Klassenbildung, Arbeiterfrage, Klassenkampf, München und Leipzig 1918.

Schnorr, Gerhard: Sozialstaat — ein Rechtsbegriff?, Festschrift für Hans Schmitz zum 70. Geburtstag, Bd. II, Wien 1967, S. 256 ff.

Schoenlank, Liselotte: Das Versicherungsprinzip und das Fürsorgeprinzip in der deutschen Sozialversicherung, Berlin 1933.

Schoeps, Hans-Joachim: Bismarck über Zeitgenossen — Zeitgenossen über Bismarck, Frankfurt und Berlin 1972.

Schraepler, Ernst: Quellen zur Geschichte der sozialen Frage in Deutschland,
Band I: 1800—1870, 3. Aufl., Göttingen 1964.
Band II: 1871 bis zur Gegenwart, 2. Aufl., Göttingen 1964.

Schumacher, Kurt: Der Kampf um den Staatsgedanken in der deutschen Sozialdemokratie, Stuttgart 1973 (Erstdruck der Dissertation von 1920).

Seydel, Max: Das Recht der Arbeiterversicherung in seiner Anwendung auf Bayern, Freiburg i.B. 1890.

Simon, Peter: Bismarcks Kampf gegen eine Mediatisierung des Staates durch die Sozialpolitik, Diss. Köln 1935.

Spengler, Oswald: Preußentum und Sozialismus, München 1922.

Stahl, Friedrich Julius: Die Philosophie des Rechts, Zweiter Band, Rechts- und Staatslehre auf der Grundlage christlicher Weltanschauung — Zweite Abteilung, Viertes Buch, Die Staatslehre und die Principien des Staatsrechts, 6. unveränderte Aufl., Darmstadt 1963.

Stein, Lorenz von: Geschichte der sozialen Bewegung in Frankreich von 1789 bis auf unsere Tage. 3 Bände, Leipzig 1850
Bd. I: Der Begriff der Gesellschaft und die soziale Geschichte der Französischen Revolution bis zum Jahre 1830.
Bd. II: Die industrielle Gesellschaft, der Sozialismus und Communismus Frankreichs von 1830 bis 1848.
Bd. III: Das Königtum, die Republik und die Souveränität der französischen Gesellschaft seit der Februarrevolution 1848, (Hrsg. Gottfried Salomon), München 1921.

— Handbuch der Verwaltungslehre und des Verwaltungsrechts, 3. Aufl., Stuttgart 1887.

— Gegenwart und Zukunft der Rechts- und Staatswissenschaft Deutschlands, Stuttgart 1876 — Neudruck 1970.

Stern, Klaus: Das Staatsrecht der Bundesrepublik Deutschland, Bd. I, Grundbegriffe und Grundlagen des Staatsrechts, Strukturprinzipien der Verfassung, München 1977.

Stier-Somlo, Fritz: Deutsches Reichs- und Landesstaatsrecht I, Berlin und Leipzig 1924.

— Deutsche Sozialgesetzgebung — Geschichtliche Grundlage und Krankenversicherungsrecht, Jena 1906.

Stolleis, Michael: Quellen zur Geschichte des Sozialrechts, Göttingen 1976.

Syrup, Friedrich / *Neuloh*, Otto: Hundert Jahre Staatliche Sozialpolitik, 1839 bis 1939, Stuttgart 1957.

Töpfer, Ingo: Die Verhandlungen des Vereins für Sozialpolitik und die Rechtspolitik der späten Bismarck- und Wilhelmischen Zeit, Diss. Frankfurt 1970.

Tomuschat, Christian: Verfassungsgewohnheitsrecht? — Eine Untersuchung zum Staatsrecht der Bundesrepublik Deutschland, Heidelberg 1972.

Uexküll, Gösta v.: Ferdinand Lassalle in Selbstzeugnissen und Bilddokumenten, Hamburg 1974.

Unruh, Georg-Christoph von: Besinnung auf den Rechtsstaat, DöV 1974, S. 508.

— Grundkurs öffentliches Recht, Eine Einführung in das Staats- und Verwaltungsrecht mit Grundzügen der allgemeinen Staatslehre, 2. Aufl., Frankfurt a.M. 1977.

— Der Kreis im 19. Jahrhundert zwischen Staat und Gesellschaft, in: Helmut Croon, Wolfgang Hofmann, Georg-Christoph v. Unruh, Kommunale Selbstverwaltung im Zeitalter der Industrialisierung, Stuttgart 1971.

— Die Legitimation der hoheitlichen Gewalt als institutionelles Verfassungsproblem, Festschrift für Ernst Forsthoff, München 1972, S. 433.

— Organisation der Dienstleistungen im sozialen und demokratischen Rechtsstaat (Betrachtungen zur Aufgabe und Einrichtung der öffentlichen Verwaltung in der freiheitlichen Grundordnung der Bundesrepublik Deutschland), DVBl. 1974, S. 793.

— Polizei als Tätigkeit der leistenden Verwaltung, DVBl. 1972, S. 469.

Vogel, Walter: Bismarcks Arbeiterversicherung — Ihre Entstehung im Kräftespiel der Zeit, Braunschweig 1951.

Waldheim, Harald v.: Zeitgemäße Reformen der deutschen Sozialversicherung in historischer und wirtschaftlicher Beleuchtung, Berlin 1930.

Wannagat, Georg: Lehrbuch des Sozialversicherungsrechts, I. Band, Tübingen 1965.

— Die unfallversicherungsrechtliche Gefährdungshaftung im allgemeinen Haftungssystem, NJW 1960, S. 1597 ff.

Weddigen, Walter: Grundzüge der Sozialpolitik und Wohlfahrtspflege, Stuttgart 1957.

Wege, Joachim: Positives Recht und sozialer Wandel im demokratischen und sozialen Rechtsstaat, Berlin 1977.

Weinhold, Werner: Die Rechtsprechung des Bundesverfassungsgerichts zum Sozialstaatsprinzip — Evolutionäre Tendenzen eines neuartigen Verfassungspostulats?, Diss., Marburg 1977.

Wertenbruch, Wilhelm: Sozialverfassung — Sozialverwaltung — Ein exemplarischer Leitfall, zugleich eine Einführung in das Vorhaben eines Sozialgesetzbuches, Frankfurt/Main 1974.

Woedtke, E. von: Unfallversicherungsgesetz. Vom 6. Juli 1884, 2. Auflage, Berlin 1885.

Wolff, Christian von: Institutiones Juris Naturae et Gentius, Halle 1754.

Wolffgramm, Eckhard: Das System des Arbeitsunfallrechts (Workmen's Compensation) in den USA — Eine rechtsvergleichende Arbeit unter Berücksichtigung der Entwicklung in Großbritannien, Diss., Berlin 1971.

Wolfrum, Liselotte: Die Rechtsstellung des Hilfsbedürftigen im deutschen sowie im west- und nordeuropäischen Sozialhilferecht — Diss., Freiburg i.B. 1962.

Wolzendorff, Kurt: Der Polizeigedanke des modernen Staats — Ein Versuch zur allgemeinen Verwaltungslehre unter besonderer Berücksichtigung der Entwicklung in Preußen, Breslau 1918.

Zwiedineck-Südenhorst, Otto von: Arbeiterschutz und Arbeiterversicherung, Leipzig 1905.

— Sozialpolitik, Leipzig 1911.

Kolibri 360 GmbH
Ferdinand-Jühlke-Straße 7
99095 Erfurt, Deutschland
produktsicherheit@kolibri360.de

Druck:
CPI Druckdienstleistungen GmbH
im Auftrag der
Kolibri 360 GmbH
Ferdinand-Jühlke-Str. 7
99095 Erfurt